Planejamento de carreira e networking

Planejamento de carreira e networking©
Aggie White, 2009

Direitos desta edição reservados ao
Serviço Nacional de Aprendizagem
Comercial – Administração Regional
do Rio de Janeiro.

Vedada, nos termos da lei, a
reprodução total ou parcial deste livro.

SISTEMA FECOMÉRCIO-RJ
SENAC RIO DE JANEIRO

Presidente do Conselho Regional
Orlando Diniz

Diretor-Geral do Senac Rio de Janeiro
Julio Pedro

Conselho Editorial
Julio Pedro, Eduardo Diniz, Vania
Carvalho, Marcelo Loureiro, Wilma
Freitas, Manuel Vieira e Elvira Cardoso

Editora Senac Rio de Janeiro
Rua Marquês de Abrantes, 99/2º andar
Flamengo – Rio de Janeiro
CEP: 22230-060 – RJ
comercial.editora@rj.senac.br
editora@rj.senac.br
www.rj.senac.br/editora

Publisher
Manuel Vieira

Editora
Elvira Cardoso

Produção editorial
Karine Fajardo (coordenadora)
Camila Simas, Cláudia Amorim e
Roberta Santiago (assistentes)

Revisão
Denise Scofano Moura

Impressão: Yangraf Gráfica
e Editora Ltda.

1ª edição: dezembro de 2012

Dados Internacionais de Catalogação na Publicação (CIP)
(Câmara Brasileira do Livro, SP, Brasil)

White, Aggie
   Planejamento de carreira e networking/Aggie White;
tradução Marilia de Moura Zanella. -- São Paulo:
Cengage Learning: Editora Senac Rio de Janeiro, 2012. --
(Série Profissional)

   Título original: Career planning & networking.
   ISBN 978-85-221-1431-3 (Cengage Learning)

1. Carreira profissional - Desenvolvimento 2.Rede de relações
sociais 3. Sucesso nos negócios I. Título. II. Série.

12-12728   CDD-650.13

Índices para catálogo sistemático:
1. Relações interpessoais: Comunicação: Sucesso na carreira
   profissional 650.13
2. Sucesso pessoal: Relacionamento em negócios 650.13

Planejamento de carreira e networking

Aggie White

Tradução
Marilia de Moura Zanella

Planejamento de carreira e networking© Aggie White, 2009	© 2002 Delmar. South-Western Educational Publishing da Delmar, uma divisão da Cengage Learning.

Gerente Editorial: Patricia La Rosa

Supervisora Editorial: Noelma Brocanelli

Editor de Desenvolvimento: Fábio Gonçalves

Supervisora de Produção Editorial: Fabiana Alencar Albuquerque

Produtora Editorial: Ana Lucia Sant'Ana dos Santos

Pesquisa Iconográfica: Cláudia Sampaio e Heloisa Avilez

Título: Career Planning & Networking (ISBN: 0-538-72474-9)

Tradução: Marilia de Moura Zanella

Copidesque: Maria Alice da Costa

Revisão: Adriane Peçanha, Cristiane Mayumi Morinaga e Olivia Yumi Duarte.

Diagramação: Cia. Editorial

Capa: Eduardo Bertolini

Foto da Capa: ©2008 iStock International Inc.

© 2009 Cengage Learning Edições Ltda.

Todos os direitos reservados. Nenhuma parte deste livro poderá ser reproduzida, sejam quais forem os meios empregados, sem a permissão, por escrito, das editoras. Aos infratores aplicam-se as sanções previstas nos artigos 102, 104, 106 e 107 da Lei nº 9.610, de 19 de fevereiro de 1998.

Estas editoras empenharam-se em contatar os responsáveis pelos direitos autorais de todas as imagens e de outros materiais utilizados neste livro. Se porventura for constatada a omissão involuntária na identificação de algum deles, dispomo-nos a efetuar, futuramente, os possíveis acertos.

© 2009 de Cengage Learning.
Todos os direitos reservados.
ISBN-13: 978-85-221-1431-3

Cengage Learning
Condomínio E-Business Park
Rua Werner Siemens, 111 – Prédio 20
Espaço 4
Lapa de Baixo – 05069-900
São Paulo – SP
Tel.: (11) 3665-9900 – Fax: (11) 3665-9901
SAC: 0800 11 19 39

Para suas soluções de curso e aprendizado, visite
www.cengage.com.br

Impresso no Brasil.
Printed in Brazil.
1 2 3 4 5 6 7   12 11 10 09 08

Sumário

Prefácio IX

Ao leitor IX

Características da obra X

Sobre a autora XI

Pré-avaliação XIII

1 Planejamento de carreira e processo de networking 1

Carreira ou emprego 3

O papel do planejamento 4

O processo de planejamento de carreira 6

Elementos de um plano eficaz 11

Desenvolvimento de um plano 13

Recapitulação dos conceitos-chave 14

2 Autoavaliação e tomada de decisão 15

A importância da autoavaliação 16

Valores e seu sistema de valores 18

Declaração de missão 19

Estabelecendo objetivos 20

Elementos para uma tomada de decisão eficaz 24

Estratégias para tomada de decisão eficaz 27

Recapitulação dos conceitos-chave 28

3 Pesquisando carreiras e networking 29

Fontes de informações sobre carreiras 29

Network profissional   32
Tópicos para pesquisa   36
Fontes de informações sobre empresas e organizações   39
Informações necessárias sobre uma empresa   41
Recapitulação dos conceitos-chave   43

4 A procura pelo emprego   45

O currículo   46
Partes de um currículo   47
Tipos de currículo   49
Carta de apresentação   51
Formulário de solicitação de emprego   53
A entrevista   53
Tipos de entrevista   54
Preparando-se para uma entrevista   56
Terminando a entrevista   58
Carta de agradecimento   58
Avaliando a entrevista   59
Recapitulação dos conceitos-chave   60

5 A oferta de emprego   63

Cultura corporativa   64
Como investigar a cultura corporativa   67
Benefícios oferecidos pelas empresas   68
Pesquisando variações salariais   77
Avaliando custos de oportunidades   78
Agradecendo pelas referências   79
Recapitulação dos conceitos-chave   79

6 Preparando-se para mudanças   81

Mobilidade ascendente   81
Mudanças no local de trabalho   82

Apólices de seguro para mudanças   83
Planejando a promoção   89
Quando mudar de emprego   91
Como mudar de emprego   93
Recapitulação dos conceitos-chave   94

Projeto de portfólio   97

Índice do conteúdo de seu portfólio   97

Pós-avaliação   99

Prefácio

Desde a última década do século XX, os trabalhadores têm enfrentado competição acirrada, aumento no nível de habilidades exigido pelos empregadores e exigências por mudanças contínuas no local de trabalho. A ideia de um único trabalho para a vida toda não é mais funcional. Ao escolher uma carreira, a pessoa precisa formular planos para progredir continuamente, pois há grande possibilidade de que ela troque de emprego algumas vezes durante sua vida.

Ao leitor

Planejamento de carreira e networking foi escrito com o objetivo de ajudar aos que querem elaborar, passo a passo, um programa de desenvolvimento de carreira. Foi planejado como um guia que oferece visão geral de planejamento, além de focar a importância de desenvolver e manter uma rede forte e eficaz de relacionamentos, que o apoiará e o ajudará em toda a sua carreira. Ao término do livro encontra-se um projeto de portfólio que engloba os conceitos-chave apresentados em cada tópico. Esse portfólio pode ser usado como instrumento de referência para o planejamento de uma carreira.

Características da obra

Cada capítulo começa com objetivos claros e uma recapitulação de conceitos-chave aprendidos é apresentada ao final. Incluímos também exercícios de pré e pós-avaliação, no início e no fim do livro. *Planejamento de carreira e networking* está organizado em seis capítulos, que incluem a visão geral do planejamento de carreira e o processo de networking, autoavaliação e tomada de decisão, pesquisa de carreiras e networking, procura por emprego e ofertas de trabalho e preparação para mudanças. Ao longo do texto, são fornecidas dicas para enfatizar conceitos importantes e ideias para discussões.

Sobre a autora

Aggie White é educadora, formada pela Ohio State University, onde obteve grau de bacharel em Ciências. Trabalhou na área de Educação como professora de ensino fundamental e também atuou na área administrativa. Após obter o mestrado na University of South Carolina, passou a lecionar no ensino superior. É professora e foi chefe do Office Systems Technology Department do Central Carolina Technical College. Atualmente, além de lecionar, trabalha no departamento de matrícula dessa faculdade.

Pré-avaliação

Múltipla escolha: Leia cuidadosamente cada uma das alternativas e marque a melhor resposta.

1. Os padrões ou princípios que usamos para nos ajudar a tomar decisões ou fazer escolhas em nossas vidas são:
   a. as sociedades
   b. os colegas
   c. os sistemas de valores
   d. as missões

2. Qual das seguintes alternativas descreve o que é uma empresa, o que ela faz e como se vê em relação ao mercado?
   a. um sistema de valores
   b. uma missão
   c. um objetivo
   d. uma posição no mercado

3. Quando temos de tomar uma decisão, com base na importância dos fatores nela envolvidos, uma boa estratégia é:
   a. verbalizar
   b. priorizar
   c. personalizar
   d. quantificar

4. Uma excelente fonte de informações a respeito de carreiras pode ser:
   a. faculdades/consultores vocacionais
   b. internet
   c. publicações governamentais
   d. todas as alternativas anteriores

5. As pessoas que estão ligadas a você por meio de sua área de trabalho:
   a. formam sua rede de relacionamentos
   b. formam um grupo
   c. são somente seus amigos e parentes
   d. são apenas amigos de amigos e parentes de amigos

6. A pessoa que, ao mesmo tempo, é professor, treinador, auxiliar e que o ajuda a obter informações a respeito de sua carreira e sobre as opções de carreira é um:
   a. amigo
   b. mentor
   c. parente
   d. supervisor

7. Ao planejar uma profissão, é importante pesquisar sobre:
   a. períodos de férias
   b. relacionamentos no trabalho
   c. disponibilidade de trabalho
   d. todas as alternativas anteriores

8. Um currículo deve incluir:
   a. objetivo
   b. formação escolar e experiência profissional
   c. nome
   d. todas as alternativas anteriores

9. Um currículo resumido e organizado por tipos de experiência é:
   a. cronológico
   b. *curriculum vitae*
   c. funcional
   d. nenhuma das alternativas anteriores

10. Uma entrevista em que o entrevistador, ou entrevistadores, faz exatamente as mesmas perguntas na mesma ordem a todos os interessados é:
    a. estruturada
    b. não estruturada
    c. individual
    d. em formato de painel

11. Vestir-se adequadamente para uma entrevista implica usar roupa:
    a. confortável
    b. conservadora
    c. limpa
    d. todas as alternativas anteriores

12. O objetivo de uma carta de agradecimento ou de pós-entrevista é:
    a. dizer ao empregador que não está interessado na posição
    b. solicitar uma entrevista

c. manter seu nome e suas qualificações presentes na mente do empregador
d. todas as alternativas anteriores

13. A atmosfera, ou ambiente, onde se realiza o trabalho de uma organização é:
    a. a cultura corporativa
    b. a cultura dos rumores
    c. o sistema de comunicação
    d. a estrutura organizacional

14. Comunicação ascendente é o caminho utilizado pela empresa para o sistema de comunicação em que:
    a. o supervisor se comunica com os subordinados
    b. os subordinados comunicam-se com o supervisor
    c. os colegas de trabalho comunicam-se entre si
    d. todas as alternativas anteriores

15. Ofertas por parte da empresa e que têm valor para os funcionários são:
    a. comunicação
    b. valores
    c. competição
    d. benefícios

16. Plano de investimento e poupança para aposentadoria,[1] com pagamento de imposto somente no momento da retirada do dinheiro e que permite que o empregador e o funcionário contribuam com partes iguais, referem-se a:
    a. IRA
    b. 401 (k)
    c. 403 (b)
    d. Roth IRA

---

[1] IRA, Roth IRA, 401(k) e 403(b) são tipos de plano de investimento e poupança para a aposentadoria. IRA significa Individual Retirement Account (Conta Individual de Aposentadoria); Roth IRA é um tipo semelhante de investimento e recebe esse nome por ter sido modificado pelo senador William Roth, de Delaware, Estados Unidos. As diferenças entre esses tipos de plano dizem respeito, entre outras coisas, à quantia investida, quando o dinheiro pode ser retirado, se o empregador contribui com uma parte ou não, o momento em que os impostos são pagos. Todos esses planos serão explicados em mais detalhes no Capítulo 5 deste livro. (NT)

17. O termo econômico que descreve a perda de alguma coisa para ganhar outra corresponde a:
    a. lucro/perda
    b. oferta e procura
    c. negociação
    d. custo de oportunidade

18. Ao começar um trabalho novo, uma estratégia útil para um início bem-sucedido é:
    a. usar todos os seus sentidos para aprender tanto quanto possível
    b. fazer perguntas e analisar processos
    c. ler os manuais da empresa para se familiarizar com os procedimentos
    d. todas as alternativas anteriores

Verdadeiro ou Falso: Leia cuidadosamente cada uma das afirmativas. Circule V se a resposta for verdadeira e F se for falsa.

1. V F O objetivo que você está tentando atingir deve ser quantificado, pois assim saberá quando o tiver atingido.

2. V F Mesmo que haja falta de funcionários qualificados em uma área de trabalho, não haverá variação de salário.

3. V F Jornais oferecem muito pouca informação a respeito de empresas e organizações, assim, você deve evitar utilizá-los como fonte.

4. V F Se uma empresa estiver em litígio, sua reputação, seu poder de ganhos, sua capacidade para empregar e estabilidade podem ser afetados.

5. V F Use uma fonte menor que 10 para digitar seu currículo.

6. V F Quando escreve uma carta de solicitação de emprego a uma empresa, você não sabe se há uma vaga disponível ou não.

7. V F Uma carta de solicitação de emprego deve ter uma página e três parágrafos.

8. V F Uma entrevista é uma reunião, geralmente presencial, entre o empregador e o interessado na vaga.

9. V F Todas as entrevistas são individuais e presenciais.

10. V F   O sistema de transmissão de notícias da empresa é como uma fábrica de boatos, raramente verdadeiros.

11. V F   Jamais use a palavra *negociável* para responder à pergunta sobre salário em um formulário de requisição de emprego.

12. V F   O movimento vertical de um nível para outro em uma área profissional é chamado mobilidade ascendente.

1
Planejamento de carreira
e processo de networking

OBJETIVOS

- Carreira ou emprego.
- O papel do planejamento.
- O processo de planejamento de carreira.
- Elementos de um plano eficaz.
- Desenvolvimento de um plano.

Planejamento e preparo profissional podem afetar a qualidade dos empregos que você escolher e, o que é mais importante, a satisfação que poderá resultar da opção em sua carreira. De acordo com a *Kiplinger Washington Letter*, de dezembro de 1996, "as pessoas terão de assumir mais responsabilidades por suas carreiras (...), avaliando seus pontos fracos e fortes, planejando a escolaridade e os caminhos a seguir. Foi-se o tempo em que qualquer pessoa conseguia um emprego para a vida toda, com aumentos e promoções regulares e uma boa pensão ao se aposentar".[1] Assim sendo, planejamento torna-se extremamente importante neste novo milênio.

---

[1] *Kiplinger Washington Letter*. Washington, DC: The Kiplinger Washington Editors, v. 73, n. 52, dez. 1996.

Um trabalhador passará aproximadamente 2 mil horas por ano, por 40 anos ou mais, no trabalho, e o caminho escolhido terá um efeito dramático na sua qualidade de vida. Por essa razão, você terá de planejar e preparar-se eficazmente para a sua jornada no mundo dos negócios. Despenda tempo e energia planejando sua carreira:

- Elabore um plano abrangente para obter os recursos de que precisará para uma carreira específica.
- Faça uma autoavaliação de seus valores.
- Estabeleça seus objetivos e comprometa-se a um plano por escrito com prazos preestabelecidos.
- Pesquise carreiras e profissões.
- Prepare-se para o processo de procura pelo emprego.
- Avalie as ofertas de trabalho.
- Antecipe como se ajustará às inúmeras mudanças no local de trabalho.
- Planeje-se para enfrentar promoções e avanços em sua carreira.
- Prepare-se para enfrentar mudanças no emprego, bem como mudanças tecnológicas.

Cada passo do planejamento da carreira é importante. Este livro examina os cinco passos desse processo de planejamento. Cada um deles é significativo no quadro geral de onde se quer chegar. Cada passo afetará sua tomada de decisão, assim como a qualidade de vida durante a sua jornada profissional. Quanto mais preparado estiver para enfrentar os desafios apresentados em cada uma dessas áreas, mais capaz você será para tomar decisões eficazes. Preparação vem antes do sucesso – até mesmo no dicionário!

Igualmente importantes para o planejamento cuidadoso de sua carreira são o desenvolvimento e a manutenção de uma rede de relacionamentos com pessoas que lhe oferecerão conselhos, *insights*, direções, apoio e motivação à medida que progride nos estágios de sua vida profissional. Consequentemente, além de examinar o planejamento de carreira, este livro também foca a importância da rede de relacionamentos para seu plano de carreira.

Carreira ou emprego

Uma distinção importante que deve ser feita a respeito do planejamento de carreira é entre emprego e carreira. Um emprego é uma posição que você assume como funcionário. Atribuem-lhe responsabilidades, fornecem orientação quanto às expectativas e fazem o pagamento de uma quantia específica de dinheiro. Um emprego pode durar dias, semanas, meses, anos ou uma vida toda. Uma carreira, no entanto, é a busca por uma profissão ou uma linha específica de trabalho. Nela, é possível ter muitos empregos. Uma carreira exige crescimento em relação ao conhecimento da profissão ou à linha de trabalho, bem como à suposição de uma progressão de responsabilidade em cada emprego que tiver; também implica dedicação a padrões autoimpostos de profissionalismo e orgulho no seu desempenho. Assim sendo, uma carreira requer crescimento, desenvolvimento e padrões de profissionalismo. A fim de preparar-se para esses desafios, o planejamento de uma carreira torna-se um comprometimento que é preciso assumir.

O papel do planejamento

Não planejamos o passado ou o presente, mas sim o futuro.

Como disse o industrial Charles Kettering, "Espero passar o resto da minha vida no futuro; sendo assim, quero ter uma certeza relativa do tipo de futuro que encontrarei. Esse é o motivo pelo qual planejo".[2]

O planejamento é um elemento crucial em todos os aspectos da vida. Entretanto, é especialmente importante no desenvolvimento de sua carreira. Planejar é um conceito orientado para o futuro. Você já deveria ter planejado o dia de hoje. Quando dividido em simples passos, planejar parece ser fácil, mas poucas pessoas o fazem. Elas simplesmente deixam as coisas acontecerem, sem direção ou orientação para ajudá-las a chegar ao seu destino.

POR QUE O PLANEJAMENTO É IMPORTANTE NO DESENVOLVIMENTO DA CARREIRA? No dia a dia, mesmo sem querer, você planeja. Quando dirige para o trabalho ou a escola, inconscientemente você planeja o caminho. E chega ao seu destino porque está seguindo uma rota que conhece bem.

No entanto, uma carreira não é uma rotina ou uma ocorrência sem importância na sua vida. É uma jornada que requer planejamento para atingir seus objetivos ou o destino que estabelece para si mesmo. Como você vai do lugar em que está para o destino de sua carreira? Se não planejar sua viagem, como vai chegar aonde quer? Mas, antes de planejar a viagem, você precisa conhecer seu destino. Se não estabelecê-lo, assim como determinar um

---

[2] Charles J. Givens. *Wealth without risk*. New York: Simon and Shuster, 1988, p. 21.

objetivo ou uma meta, como saberá que finalmente chegou? Do mesmo modo, se não fizer esse planejamento para sua carreira profissional, como poderá avaliar o sucesso em sua vida? A avaliação é um elemento essencial em todo o processo de tomada de decisão.

Isso não significa que o destino que estabelecer quando tiver 20 anos será escrito em pedra e não poderá jamais ser mudado. Naturalmente, você pode mudar a direção que está tomando e o caminho que escolheu. Em algum momento, acontecerão coisas novas, as circunstâncias mudarão e o ambiente se desenvolverá, fazendo que mude o foco e/ou destino. Como consequência, objetivos profissionais precisam ser flexíveis e realistas o suficiente para que se adaptem às mudanças.

O planejamento de carreira terá um impacto na qualidade de sua profissão. Ele determinará o nível de satisfação que experimentará, se conseguirá lidar bem com mudanças e se estará preparado para promoções e oportunidades de desenvolvimento que ocorrem na vida profissional.

A satisfação no trabalho é um aspecto crucial para a manutenção de uma atitude positiva em relação à sua carreira. Planejar oferece a oportunidade de fazer escolhas sábias na sua vida profissional, o que afetará a qualidade de sua carreira e contribuirá positivamente para a satisfação no trabalho. Todo emprego tem suas frustrações, mas se seu objetivo é estar empregado em um ambiente de trabalho que possa gerar mais satisfação que frustração, você só atingirá isso se planejar sua carreira.

O processo de planejamento de carreira

O planejamento de carreira é um processo profundo, detalhado e que provoca meditação, além de requerer tempo e energia. É sequencial e mais bem realizado quando segue a progressão estabelecida para cada passo. Este livro examinará profundamente os cinco passos desse processo. A seguir, apresenta-se uma visão geral de cada um deles.

1. AUTOAVALIAÇÃO PARA TOMADA DE DECISÃO. O planejamento de carreira começa com uma autoavaliação. Lembre-se de que um destino, um objetivo ou um resultado são fundamentais para qualquer plano. Antes de estabelecer um objetivo ou um resultado, você precisa decidir o que quer fazer. Avalie seus valores e capacidades e determine quais oportunidades, recursos e caminhos estão disponíveis para atingir seus objetivos. Identifique o que é importante ou o que valoriza e use essa informação para orientá-lo a tomar decisões eficazes.

2. PESQUISA DE CARREIRA E NETWORKING. Planejamento de carreira requer que se aprenda a respeito das diferentes opções de carreira. Fazer uma pesquisa sobre elas pode ser divertido, além de ampliar seus conhecimentos a respeito do que está disponível no mundo profissional. Hoje, há recursos praticamente ilimitados para explorar carreiras e suas opções. Ao pesquisar carreiras, você estará mais preparado para determinar o que quer e o que não quer fazer.

> **DICA:** No planejamento de uma carreira, saber o que não quer é tão importante quanto saber o que quer.

Uma rede de relacionamento pessoal é igualmente importante para a sua carreira. Essa rede é um sistema interligado, em que um elemento apoia, promove ou redireciona as outras partes do sistema; frequentemente, todas as partes do sistema são interdependentes. Há, atualmente, muitos tipos diferentes de redes de relacionamento – por exemplo, redes de relacionamento operacionais, pessoais e estratégicas. Uma rede de relacionamento refere-se a um grupo de pessoas ligadas a você ao longo de sua carreira.

Relacionamentos pessoais em uma carreira são importantes, pois você não vive em uma ilha. Além disso, não é possível saber tudo o que está ocorrendo no mundo. É preciso confiar nas pessoas de outros campos de atuação para ajudar a mantê--lo informado a respeito do que está acontecendo em áreas com as quais não esteja familiarizado.

Quando começa a desenvolver uma rede de relacionamentos, você quer contar com a ajuda de pessoas que o rodeiam, como sua família, amigos e conhecidos. E, para cada uma delas, a sua rede de relacionamento pessoal será diferente, pois elas têm características próprias. À medida que sua rede se amplia, você começa a agregar outras pessoas que conheceu e com as quais interage. Pode incluir professores, colegas de trabalho, gerentes e subordinados com quem já trabalhou ou está trabalhando atualmente. Conforme se envolve em organizações profissionais, seus colegas podem tornar-se membros essenciais da sua rede de relacionamentos. Pode incluir ainda pessoas que conheceu praticando esportes, em atividades recreativas ou de entretenimento. Cada pessoa que você conhece tem o potencial de fazer parte de sua rede de relacionamentos.

© 2008 JupiterImages Corporation

Desenvolver e manter uma rede de relacionamentos pode ser o aspecto fundamental do planejamento eficaz de uma carreira. Os integrantes de sua rede são importantes quando começam a ampliar sua base de conhecimento, e você cresce profissionalmente.

3. A PROCURA PELO EMPREGO. A procura pelo emprego é outro aspecto importante do planejamento de carreira e constitui, em si, um processo de dois passos. A primeira parte do processo de procura envolve preparar-se física e emocionalmente e organizar certos documentos que vão mostrar ao possível empregador suas qualificações para o emprego. Além do mais, você precisa conhecer a empresa na qual está solicitando um emprego, o que significa conhecer os produtos que fabrica ou os serviços que oferece. Os documentos básicos exigidos para uma procura por emprego são o currículo, a carta de apresentação e a lista de pessoas que possam dar referências. Sua rede de relacionamentos torna-se um recurso fundamental nesse momento, oferecendo-lhe informações essenciais à medida que se prepara para entrar no mundo sempre competitivo da procura pelo trabalho.

O segundo passo do processo é o preparo para a entrevista e os procedimentos que se seguem a ela. Preparar-se significa praticar para responder às perguntas próprias de entrevistas e escolher uma roupa adequada. Outro aspecto desse processo de procura pelo emprego inclui os procedimentos posteriores à entrevista, como o envio de uma carta de agradecimento e contato com a empresa para saber qual decisão foi tomada a respeito da posição que está solicitando.

4. A OFERTA DE EMPREGO. Quando oferecerem um emprego, é preciso avaliar se a oferta se encaixa em seu plano. Ela está de acordo com os valores e objetivos que você havia planejado? É preciso considerar também os benefícios, o salário, as oportunidades de promoção, o local e a cultura empresarial. Nem todas as ofertas são positivas. Você faz escolhas qualitativas de carreira quando está preparado para, adequadamente, avaliar as ofertas que lhe são feitas.

Um de seus objetivos deve ser evitar uma situação em que se veja obrigado a aceitar um emprego só por lhe estar sendo oferecido. Esse tipo de situação geralmente não leva ao encontro de seus objetivos. É possível que tenha de aceitar um emprego por um período para ajudar você e/ou a sua família a superar uma fase difícil. No entanto, evite aceitar um emprego de longa duração só por causa do salário.

5. Planejando mudanças e evolução na carreira. Mudança é uma constante no mundo de hoje; é inevitável, rápida e afeta a todos. Por fazer parte do mundo profissional atual, é preciso que você esteja preparado para quaisquer mudanças em sua vida profissional. Quanto mais preparado estiver em termos de habilidades desejadas e exigidas por seu empregador, mais opções terá para lidar com as mudanças que ocorrem. Fusões, reorganizações, corte nas despesas e no número de funcionários podem afetar sua carreira. Consequentemente, é preciso desenvolver estratégias que o ajudem a superar os desafios que as mudanças trarão à sua carreira.

Planeje o desenvolvimento de habilidades de gerenciamento eficaz de tarefas. Você precisa ser um funcionário eficaz e eficiente para atingir seus objetivos diários e dedicar tempo para o crescimento pessoal e profissional de modo que continue aprendendo enquanto sua carreira durar. Esse aprendizado é para a vida toda.

Por fim, um aspecto muito importante do planejamento de carreira está relacionado a mudanças no trabalho, que envolvem a capacidade de compreender e lidar com o sucesso e o fracasso. Fracasso acontece a todos e, se for visto como uma oportunidade, pode constituir-se em um aspecto importante para a pessoa ultrapassar as barreiras no desenvolvimento de carreira. Aprecie o sucesso e aprenda com os fracassos.

A capacidade de lidar com as várias mudanças que ocorrem em uma carreira também é determinada pela extensão de um planejamento inicial. Deve-se fazer um plano para o crescimento pessoal e profissional de modo que se esteja preparado para mudanças. Por exemplo, quanto mais escolaridade tiver, mais bem preparado estará para quaisquer reorganizações ou corte no número de funcionários que cruzem o seu caminho. Você também precisa ser capaz de se ajustar a mudanças que estão além de seu controle. Quanto mais flexível for e mais opções tiver, mais capaz será de lidar com essas mudanças. Estas, em geral, apresentam uma oportunidade para crescimento. Estar preparado significa tirar proveito de situações negativas e melhorar suas chances de crescimento profissional.

No planejamento de sua carreira, inclua objetivos para evolução na sua área de trabalho. Isso envolve ganhar experiência, aumentar conhecimento e responsabilidades. Prepare-se e se posicione de modo a poder tirar proveito de quaisquer oportunidades para promoções na sua carreira. Identifique e desenvolva recursos, habilidades e capacidades que precisa ter para obter promoções e evoluções que surjam.

Calcule os custos envolvidos ao se preparar para oportunidades de emprego, como tempo longe da família e custo de matrícula para sua educação. Muitas empresas hoje em dia reconhecem o valor dos funcionários que querem melhorar suas habilidades. Com frequência, apoiam e estimulam os funcionários, oferecendo ajuda financeira ou dando tempo livre para o estudo ou para atividades que visem ao desenvolvimento profissional. Esse apoio e encorajamento é um benefício que deve ser considerado na avaliação de uma oferta de emprego.

Um aspecto crucial do planejamento de carreira é reconhecer quando chega o momento certo de mudar de emprego. Recolocação, evolução no trabalho, melhores condições de trabalho e responsabilidades mais desafiantes são todos bons motivos para a mudança de emprego. Saiba quando e como mudar. É preciso ser capaz de reconhecer os sinais que indiquem a hora de mudar de posição. Também é importante saber como deixar um emprego de forma profissional. É imprescindível que saia do emprego deixando uma impressão tão boa quanto a que transmitiu quando entrou na companhia.

Elementos de um plano eficaz

É preciso abordar o planejamento de maneira sistemática, mas flexível. Diversas características de planejamento eficaz devem ser incorporadas ao planejamento de sua carreira. Isso será importante no desenvolvimento de um plano funcional, compreensível e realístico.

- **DEDIQUE TEMPO SUFICIENTE PARA PLANEJAR.** O planejamento não é um processo que acontece do dia para a noite. Pode levar dias, semanas, meses ou até anos. Não é um evento que ocorre uma vez só, mas sim um processo contínuo.
- **ESCREVA SEU PLANO.** Ao colocar seu plano no papel, você passa a verbalizar e a visualizar o que quer atingir. Com isso,

aumenta a sua aceitação e, consequentemente, suas chances de sucesso aumentam com o grau de comprometimento que tem com o objetivo.

- **CERTIFIQUE-SE DE QUE SEU PLANO SEJA ABRANGENTE.** Você pode optar por esquematizar seu plano, mas esse esquema precisa ser completo. Inclua os recursos necessários – tempo, energia, dinheiro – de que precisará para se comprometer e realizar seu objetivo ou alcançar seu destino.

- **ESTABELEÇA PRAZOS PARA REALIZAR TAREFAS.** Ao definir um esquema para realizar as tarefas ao longo do tempo, você estará estabelecendo prazos para si mesmo. Esses prazos podem ser motivadores e oferecer-lhe a oportunidade de agradecer por dar mais um passo na jornada em direção ao seu objetivo.

- **ORGANIZE SEU PLANO EM UMA SEQUÊNCIA LÓGICA.** Uma sequência lógica previne que tenha de refazer uma tarefa, que, no caso, deveria ter sido completada antes. Isso evita que se chegue à metade de uma tarefa e daí perceba que está faltando um elemento essencial.

- **IDENTIFIQUE POSSÍVEIS OBSTÁCULOS AO SEU PLANO.** Todas as fases da vida contêm barreiras e obstáculos. Identificá-los pode ser difícil, mas não é preciso localizar todos. O importante é estar ciente de que eles existem e que saiba reconhecê-los quando surgirem.

- **ESTABELEÇA POSSÍVEIS SOLUÇÕES PARA SUPERAR ESSES OBSTÁCULOS.** Saber com antecedência quais são as barreiras e os obstáculos lhe dará tempo e energia para planejar e determinar como evitá-los, eliminá-los ou tirar proveito deles.

- **IDENTIFIQUE OS RECURSOS QUE PODEM AJUDÁ-LO A REALIZAR SEU PLANO.** Recursos são apresentados em pacotes diferentes. Qualquer pessoa ou coisa que possa ajudá-lo a realizar seu plano são consideradas recurso.

- **AVALIE SEU PLANO.** Estabeleça critérios para determinar o sucesso de seu plano. Avalie se atingiu os padrões que havia estipulado.
- **INCLUA FLEXIBILIDADE NO SEU PLANO PARA A INEVITABILIDADE DE MUDANÇAS.** Agora, você sabe

que mudanças ocorrem. A primeira edição da revista *Fortune 500* foi publicada há 50 anos. Hoje, somente algumas das empresas originais ainda estão na lista e, ainda assim, em ramos diferentes de negócios.[3] Estar ciente do que está ocorrendo no local de trabalho e das mudanças que estão afetando sua carreira é extremamente importante para o seu plano profissional. Você não vai querer ser aquele funcionário que havia se comprometido a produzir a carroça puxada por cavalo quando a indústria está se direcionando para produzir o automóvel.

Desenvolvimento de um plano

À medida que avança pelos tópicos deste livro, você começará a desenvolver um plano para sua carreira. Não obstante, precisa se comprometer com o processo, o que significa que necessitará de tempo para avaliar: seus pontos fortes, habilidades, capacidades e talentos; para se questionar a respeito do que lhe é importante; para estabelecer a direção que seus interesses e talentos devem seguir; e para fazer um relatório que o orienta-

---

[3] Joe Griffith. *Speaker's library of business stories, anecdotes, and humor.* New Jersey: Prentice-Hall, Englewood Cliffs, 1990, p. 48.

rá no início de sua pesquisa de carreira. Ao determinar seu destino, você examinará os modos de pesquisa e de obtenção de informações sobre a carreira de sua escolha. Em seguida, vai se preparar e organizar os documentos necessários para a pesquisa de emprego. Saberá avaliar uma oferta de emprego, levando em conta os padrões que estabeleceu para determinar se vão ao encontro de suas exigências. Por fim, aprenderá que, à medida que progride na carreira, precisa preparar-se para mudanças, planejar sua evolução e saber como e quando mudar de emprego para melhor atingir seus objetivos profissionais.

RECAPITULAÇÃO DOS CONCEITOS-CHAVE

- Uma carreira é a busca por uma profissão ou uma linha de trabalho e pode envolver muitos empregos e mudanças de emprego. Entretanto, um emprego é uma posição para a qual é contratado. Pode ser no curto ou no longo prazo, mas uma carreira é uma busca para a vida toda.
- Planejar significa determinar um destino ou objetivo e depois criar um processo pelo qual possa atingi-los.
- O processo de planejamento de carreira é importante, pois fornece a estrutura e direção necessárias para uma pessoa focar o objetivo profissional. Uma rede de relacionamentos oferece apoio e aconselhamento, *insight*, direção e motivação.
- Entre os elementos de desenvolvimento de um plano eficaz de carreira estão encontrar tempo para planejar, comprometer-se, por escrito, com o plano, fazer um plano abrangente, firmar prazos, organizá-lo em uma sequência lógica, identificar obstáculos, soluções e recursos, estabelecer métodos de avaliação e assegurar flexibilidade ao plano.
- O desenvolvimento do plano mostrará seu progresso à medida que avança pelos cinco passos sequenciais do processo de planejamento.

2
Autoavaliação e tomada de decisão

Objetivos

- A importância da autoavaliação.
- Valores e seu sistema de valores.
- Declaração de missão.
- Estabelecendo objetivos.
- Elementos para uma tomada de decisão eficaz.
- Estratégias para tomada de decisão eficaz.

Quando decide fazer uma viagem, você começa a avaliar seus recursos para ter certeza de que tem tudo de que precisa. Imagine que resolva passar as férias na Austrália. Você deve assegurar-se de que possui os documentos necessários, dinheiro suficiente, passagem, roupa e itens pessoais de que possa precisar para a viagem. Se não tem passaporte, terá de providenciar um, ou não poderá sair do país; e, se não conseguiu o visto do governo australiano, não terá permissão para entrar na Austrália. Você ainda verificará seus recursos financeiros para ver

se é possível fazer essa viagem, pois não gostaria de passar as férias pensando se tem ou não condições financeiras para fazê-la. Também deve examinar a roupa adequada para a viagem. Imagine que decida viajar para a Austrália em junho e planeja levar shorts, camisetas e sua sandália favorita. Você pode tornar-se um viajante infeliz, pois junho é o pleno inverno australiano. Portanto, a chave para o planejamento eficaz é pesquisa e avaliação.

Embora o plano para uma viagem seja essencial, planejar sua carreira é ainda muito mais importante. Assim como precisa analisar seus recursos para ter certeza de que tem tudo de que necessita para uma boa viagem, você também deve avaliar seus recursos para se certificar de que está preparado para uma jornada bem-sucedida em sua carreira.

Este tópico investiga o processo de autoavaliação na condução de objetivos significativos, que o ajudará a chegar aonde quer. Também discute a importância de seus valores ao elaborar a sua declaração de missão, o que estabelecerá o esboço e o plano para o resto de sua vida. Com base na formulação de sua missão, você vai definir seus objetivos; e estes afetarão as decisões que tomar. Uma vez lançados os objetivos, é preciso desenvolver grandes habilidades de gerenciamento de tempo e tarefas para ajudá-lo ao longo de sua jornada.

A importância da autoavaliação

À medida que começa a olhar para si mesmo e seus recursos, você pode querer fazer algumas avaliações simples para agregar *insight* à sua personalidade. Essas avaliações o ajudarão a determinar os tipos de trabalho que combinam mais com seu perfil. Você tem um conjunto de características que o tornam único e, ao mesmo tempo, semelhante aos outros em termos do que gosta de fazer. Muitos instrumentos de avaliação podem ajudá-lo a encontrar uma carreira que seja adequada aos seus interesses e/ou personalidade. No entanto, eles não determinam, necessariamente, sua capacidade de construir aquela carreira de sucesso em particular. Pode ser que tenha traços de personalidade e interesses que um cientista nuclear possui, mas isso não significa, obrigatoriamente, que tenha a capacidade intelectual ou o desejo de se tornar um cientista. A maioria dos instrumentos de avaliação estipula categorias, ou tipos, dentro das quais os participantes são classificados. Com base nos tipos/componentes/categorias é possível determinar situações de trabalho de que você pode gostar. As avaliações mais comuns são o Myers-Briggs Type Indicator® e o Strong Interest Inventory®.

O Myers-Briggs Type Indicator é um dos testes mais populares no mercado. Pode ser usado para se compreender rapidamente as variáveis de personalidade que devem ser consideradas, enquanto pesquisa as opções de carreira.[1] Os resultados fornecem uma avaliação das preferências, levando em conta o modo como tende a focar sua atenção no mundo externo, nas pessoas ou coisas, ou o seu mundo interior, como obtém informação, como toma decisões e como lida com o mundo externo ou nele se orienta. Então, você precisa de um orientador vocacional para fazer essa avaliação. A maioria dos consultores de faculdade e os serviços vocacionais podem realizar esse teste. Se não puderem, eles o encaminharão a um orientador profissional que possa fazê-lo.

---

[1] *Kiplinger Washington Letter*. Washington, DC: The Kiplinger Washington Editors, v. 73, n. 52, dez. 1996.

O Strong Interest Inventory é um teste clássico de carreira. Ele avalia seus interesses (o melhor instrumento para se prever satisfação na profissão) e os compara a seis áreas profissionais gerais.[2]

Inúmeros testes de personalidade estão disponíveis na internet. Eles são divertidos, mas geralmente só confirmam o que você já sabe a seu próprio respeito. Há diversas páginas na internet que oferecem sites com avaliações de personalidade.

Valores e seu sistema de valores

A autoavaliação precisa incluir a determinação de seus valores. Você sabe que aquilo que aprecia tem algum valor ou é fundamental para você. No entanto, quer tenha consciência disso ou não, desenvolve uma série de valores – aqueles fatores que lhe são indispensáveis. Algumas pessoas podem decidir que educação é imprescindível. Outras podem decidir que dinheiro, saúde, prestígio ou fama é o que tem importância. O que definir como essencial é o que vai formar a base para o estabelecimento de seus valores – ou seu sistema de valores.

Como consequência, um sistema de valores é composto por padrões ou princípios que você usa para tomar decisões ou fazer escolhas. Ele se desenvolve durante a vida toda e é influenciado por muitos fatores. Naturalmente, seus pais e a família têm uma grande influência no desenvolvimento do que você acredita ser importante. Eles também o ajudam a estabelecer os padrões pelos quais se orientará. A sociedade tem impacto no seu sistema de valores. Os amigos que você escolhe, os programas de televisão a que assiste, as organizações religiosas a que pertence,

---

[2] Disponível em: http://career.ucsb.edu.

os livros que lê, os heróis e heroínas que admira têm forte impacto sobre o seu sistema de valores. Muitos fatores externos, acontecimentos, pessoas e experiências influenciarão o que considera como essencial (os padrões ou princípios que o guiam) e, como resultado, as decisões que toma.

Declaração de missão

Depois de determinar quais são seus valores, é hora de escrever a sua declaração de missão. Muitas empresas hoje têm declarações de missão por escrito, que descrevem o que a empresa é e o que faz e como se vê em relação ao seu mercado. A declaração de missão baseia-se naquilo que a empresa valoriza ou pensa ser importante para seu sucesso. Em muitos casos, uma empresa declara como planeja realizar suas tarefas. A Cisco, uma das empresas mais ricas do mundo, tem a seguinte missão: "Moldar o futuro da internet *ao* criar valores sem precedentes e oportunidades para nossos clientes, funcionários, investidores e companheiros de ecossistema".[3] Observe que a declaração da missão inclui o que a empresa planeja fazer e como pretende realizar sua missão. Cisco planeja "moldar o futuro da internet"; em seguida, a empresa declara como planeja fazer isso. A palavra *ao* é a chave. A declaração da missão é a razão da existência da empresa.

Você deve desenvolver uma declaração da missão que explique quem você é, por que existe e o que fará para se tornar a pessoa que pretende ser. A declaração de missão deve ser fundamentada no seu sistema de valores. Lembre-se de acrescentar

---

[3] Disponível em: http://www.cisco.com.

como realizará sua missão. Use a palavra *ao*. Quando terminar sua declaração da missão, escreva-a em uma ficha de 7 por 12 cm e a carregue com você para que possa, com frequência, reler o que escreveu.

Quando tiver total consciência de seu sistema de valores e tiver escrito a declaração da missão para sua vida toda, você estará pronto para estabelecer os objetivos que o levarão ao seu destino. Somente quando souber o que deseja fazer com sua vida e por que você quer isso é que poderá desenvolver objetivos eficazes e que tenham propósito.

Estabelecendo objetivos

Objetivo é um alvo a ser atingido, um resultado pelo qual trabalha, um propósito a ser alcançado. Quanto mais alto ele for, mais comprometimento você deverá ter e mais se esforçará para atingi-lo. Quando se conhece o destino e sabe quais são os recursos que tem, você começa a estabelecer os objetivos para ajudá-lo a chegar lá. Quando você planeja, sempre estabelece um objetivo, embora possa não ter consciência disso. À medida que decide realizar algo, este se torna seu objetivo.

DICA: Objetivos são cruciais. Se não souber aonde está indo, como saberá quando tiver chegado lá?

Você deve estabelecer seus objetivos com um conhecimento sólido de seus valores e missão. Se o objetivo estiver em conflito com seu sistema de valores e sua declaração de missão, pode não ter a motivação ou desejo necessários para alcançá-lo.

Tenha as seguintes orientações em mente à medida que estabelece seus objetivos:

- **PESSOAL.** Objetivos devem ser pessoais. Estabeleça o que quer. Jamais formule um objetivo porque alguém quer que você o faça. Se desejar ser médico, concentre-se nesse objetivo porque quer ser médico, não porque sua mãe, pai ou companheira quer isso. Sua motivação e desejo de ser médico não pode vir de uma fonte externa, precisa vir de dentro.
- **QUANTITATIVO.** Você deve ser capaz de determinar se conseguiu atingir um objetivo – "Sim, consegui" ou "Não, não consegui". Consequentemente, ao estabelecer um objetivo é preciso incluir algo que possa ser medido quantitativamente. Por exemplo, se seu objetivo for economizar dinheiro, como saberá se conseguiu economizar? "Economizar dinheiro" pode ser um objetivo que nunca será alcançado, caso não se especifique uma quantia a ser atingida. No entanto, "economizar US$ 5.000" é um objetivo que pode ser medido, ou seja, inclui um critério de avaliação de sucesso.
- **REALÍSTICO.** O objetivo precisa ser atingível. Você quer ser um astronauta e viajar para a lua no próximo ano. Esse objetivo pode ser realista para um astronauta que já trabalha no programa da Nasa, se houver uma missão para a lua programada para o próximo ano. O objetivo é irreal para um aluno do primeiro ano da faculdade sem nenhuma experiência. O estabelecimento de um objetivo realista é importante, pois almeja-se atingir sucesso. Objetivos devem ser desafiantes, mas precisam estar dentro do domínio da possibilidade.

Autoavaliação e tomada de decisão 21

■ **Específico.** Estabeleça seus objetivos em termos específicos, de modo que possa visualizar sua realização. Por exemplo, seu objetivo é ser bem-sucedido. Mas em que área? Descreva o que pretende fazer. "Vou ter minha própria empresa de caminhões, com 55 veículos para a entrega de produtos por toda a Região Sudeste do país. A empresa deverá render US$ 1,5 milhão por ano até dezembro de 2010." Um objetivo específico diz o que, quando, onde e quanto. Em 31 de dezembro de 2010, o objetivo terá sido atingido ou não.

■ **Prazo.** Em outras palavras, estabeleça uma data e o tempo necessário para atingir o objetivo. Se não estipular um prazo, não terá motivação para atingi-lo. Lembre-se: o prazo deve ser realista, mas específico. "Vou comprar um carro novo (estabeleça a cor, modelo, marca etc.) até 1º de maio de 2010." No dia 1º de maio de 2010, você terá realizado seu objetivo, ou não.

■ **Baseado em valores.** Refira-se sempre ao seu sistema de valores para formular seus objetivos. Se criar um objetivo que esteja em conflito com o que acredita ser certo e importante, lutará contra o sentimento de culpa por batalhar por algo errado pelos motivos errados ou perderá o interesse, pois o objetivo não é importante para você.

Objetivos podem e devem ser estabelecidos em todas as áreas de sua vida. É preciso lançar objetivos pessoais, profissionais, educacionais, financeiros e até mesmo sociais. Um objetivo profissional é aquele ao qual dedica tempo, energia e recursos (tanto financeiros quanto pessoais).

Recursos para o estabelecimento de objetivos. Depois de estabelecer seu objetivo, é preciso avaliar o que é exigido para atingi-lo.

Você também deve avaliar os recursos que estão disponíveis para ajudá-lo a alcançar seu objetivo. Se verificar que não possui os recursos necessários, terá de determinar como vai reuni-los.

Por exemplo, seu objetivo é tornar-se diretor do departamento de sistema de informática de uma empresa com 500 funcionários ou mais, até junho de 2016. Atualmente, você é programador de sistemas de informática em uma organização de médio porte e tem um diploma de técnico de computação. À medida que avalia suas necessidades, verifica que diretores de departamento de sistemas de informática geralmente possuem, pelo menos, mestrado em ciência da computação e já trabalharam como analistas de sistemas, além de terem tido experiência como assistentes da diretoria, antes de se tornarem diretores do departamento de informática. Consequentemente, fica sabendo que tem de obter diploma de faculdade e mestrado, o que levará pelo menos quatro anos, se fizer uma faculdade de tempo integral.

Examine seus recursos. Seu empregador atual ajuda a pagar faculdade aos funcionários interessados em continuar seus estudos? Empréstimos estudantis estão disponíveis? Faça uma pesquisa a respeito dos recursos disponíveis para ajudá-lo a atingir seu objetivo. As faculdades e universidades locais oferecem os cursos e programas que deseja fazer? Poderia fazer um curso pela internet para obter os diplomas exigidos? Agora, você tem um subobjetivo. Novamente, torne-o específico e dê um prazo-limite: "Vou receber meu diploma de mestrado em ciência da computação até junho de 2012." Seu objetivo principal ainda está relacionado à sua carreira – obter uma posição de diretor de sistemas de informática até junho de 2016. No entanto, agora você criou e desenvolveu um objetivo secundário – educacional – para apoiar e ajudar a obter o objetivo principal.

Autoavaliação e tomada de decisão   23

Quando desenvolver seu objetivo, certifique-se de que satisfaz os seis critérios descritos a seguir. É *pessoal*? Sim, você está fazendo isso por *você*. É *quantitativo*? Sim, ou você consegue o mestrado ou não.

É *realista*? Sim, você se deu um prazo de quatro anos para conseguir o diploma de mestrado e outros quatro anos para achar a posição. É *específico*? Sim, você indicou o tipo de organização, o título da posição, a universidade, o programa de estudo e o prazo. Tem *prazo*? Sim. *Baseia-se* em seu *sistema de valores*? Sim, a carreira é valiosa e fundamental para você, além disso, ser diretor do departamento de sistemas de informática de uma empresa com 500 funcionários ou mais é uma evolução de carreira importante para você.

Um elemento essencial para o estabelecimento de objetivos é a flexibilidade. Em outras palavras, não faça um objetivo tão rígido que não possa ser alterado para satisfazer às suas necessidades de mudança, bem como às de seu local de trabalho. Oito anos é um tempo longo no mundo da tecnologia. Muitas coisas podem acontecer. O cargo de diretor que deseja pode se tornar uma posição ultrapassada, a ciência da computação pode mudar, assim como seus interesses. A flexibilidade permite que redefina seu objetivo.

Elementos para uma tomada de decisão eficaz

Cada passo que terminar neste livro – compreender a importância de autoavaliação, seu sistema de valores, sua declaração de missão e o estabelecimento de objetivos eficazes – o leva ao processo de tomada de decisão eficaz que o apoiará e o ajudará no planejamento de sua carreira.

Tomar decisões significa, simplesmente, fazer escolhas. O fator importante para uma boa tomada de decisão é a análise das opções para depois decidir qual oferece a melhor solução para a situação. Observe a palavra *melhor*. A realidade é que a maioria das decisões envolve algum tipo de risco – de a decisão não ser boa. Lembre-se de que nem todas as decisões são boas.

Uma das vantagens de se estabelecerem objetivos é que já se consegue remover muitos dos obstáculos para se tomar uma decisão eficaz. A pesquisa feita antes do estabelecimento do objetivo, quando ainda se está examinando os recursos disponíveis, elimina os "e se..." e os "sim, mas...". Se seu objetivo é comprar um carro no próximo ano e se ele satisfaz todos os seis critérios já apresentados, sua pesquisa terá determinado o seguinte: 1) que tem condições financeiras para pagar; 2) como pagará o carro; 3) quanto dinheiro vai conseguir pelo carro que possui atualmente, se o vender ou trocá-lo por outro; 4) que consertos precisarão ser feitos antes da venda do carro; e 5) quanto pagará pelo seguro, impostos e assim por diante. A decisão de qual carro comprar não é difícil de ser feita, pois você colocou um plano em ação. Não está comprando com base em emoções ou impulsos.

Seu sistema de valores está no centro da tomada de decisões ou das escolhas. Está presente quando escolhe entre o certo e o errado, quando decide entre estudar para o exame final ou ir ao cinema com amigos. Está presente quando opta por gastar dinheiro em roupas ou em um programa de computador em vez de economizar dinheiro para a matrícula do próximo semestre. Quando escolhe entre duas ou mais opções, seu sistema de valores entra em ação e o ajuda a tomar a decisão.

Consciente ou inconscientemente, você faz uma lista das vantagens e desvantagens para cada opção, pesa as consequências e faz sua escolha.

Para certificar-se de que faz a melhor escolha, faça suas comparações por escrito. Por exemplo, você precisa de um meio de transporte confiável para chegar à escola e ao trabalho todos os dias. Você fez uma pesquisa e encontrou dois carros. Um deles é usado, vermelho, conversível, esportivo, com quatro anos de uso; o outro é um carro sedan, azul-escuro. Eis a seguir a sua lista.

CONVERSÍVEL	SEDAN
VANTAGENS:	**VANTAGENS:**
A cor	Novo – baixa quilometragem
Carro usado	Seguro mais barato
Divertido	Usa gasolina regular
Prestações de US$ 200 por mês	Quatro portas
Impostos menores	Garantia total
DESVANTAGENS:	**DESVANTAGENS:**
Seguro mais caro	Prestações de US$ 250 por mês
Usa gasolina aditivada	Impostos altos
Duas portas	Menor valor para revenda
113.000 km	

Quais os fatores que o ajudariam a escolher qual carro comprar? Seria só a quantia que o carro iria lhe custar? No custo, você incluiu seguro, impostos, manutenção e gasto com combustível? Pensou na praticidade de cada carro? Ou talvez tenha pensado no divertimento e prestígio envolvidos ao dirigir um carro vermelho esportivo? Seu sistema de valores o ajudará a tomar a decisão. Mas se acabar se sentindo culpado a respeito da escolha que fez, é porque está em conflito com seu sistema de valores.

Estratégias para tomada de decisão eficaz

ESCREVA SUAS OPÇÕES. Quando tiver de tomar uma decisão, use a seguinte técnica empregada por Ben Franklin, inventor e estadista. Pegue uma folha de papel em branco e escreva a ação que planeja tomar. Dobre-a ao meio. Em uma metade, escreva todas as razões para tomar a ação. Na outra metade, as razões para não tomá-la. O lado que tiver mais razões deve ser a sua escolha de ação.[4] No entanto, essa estratégia pode ser um pouco simplista.

REÚNA TANTOS FATOS QUANTO PUDER PARA A TOMADA DE DECISÃO. Quanto mais informação tiver, melhor será a tomada de decisão. Faça uma lista dos fatores que podem influenciar sua decisão e ponha em ordem de prioridade. Qual é o fator mais importante na decisão? E o segundo mais importante, e o terceiro e assim por diante? Por exemplo, você está planejando comprar uma casa. Quais são os dez fatores mais essenciais na sua procura? Imagine que a lista seja a seguinte: três quartos, dois banheiros, bom preço, garagem para dois carros, quarto extra, copa-cozinha, sala de estar, piscina, terreno grande e assoalho de madeira. Qual é o ponto fundamental em que você não vai ceder? Talvez seja o custo ou o número de banheiros ou quartos. Crie uma lista das opções que deseja. Faça uma lista das prioridades, indo da mais para a menos importante. Os itens que ficam no fim da lista são aqueles em que pode ceder. Aqueles no topo da lista são características cruciais, sem as quais não ficaria satisfeito com o resultado da decisão.

---

[4] Mark Golin *et al. Secrets of executive success*: how anyone can handle the human side of work and grow their career. Pensilvânia: Rodale Press, Emmaus, 1991, p. 116.

Em uma tomada de decisão, tente ser objetivo. Deixe a emoção, ou impulso, fora da escolha. Embora o instinto – ou uma impressão – possa ser valioso, os fatos avaliados fria e duramente podem ser muito mais confiáveis para se tomar uma decisão eficaz.

RECAPITULAÇÃO DOS CONCEITOS-CHAVE

- Antes de se escolher uma carreira, é importante fazer algumas avaliações. Estas o ajudarão a determinar se suas capacidades, seus interesses e personalidade são compatíveis com as exigências da carreira escolhida. Dois instrumentos de avaliação populares são Myers-Briggs Type Indicator e Strong Interest Inventory.
- Algo que tenha valor é importante para você. Sistemas de valores são os padrões ou princípios que você usa ao tomar decisões ou fazer escolhas na sua vida.
- Uma declaração de missão pessoal descreve quem você é em termos do tipo de pessoa que quer ser e como planeja tornar-se essa pessoa. Uma declaração de missão de uma empresa descreve o que ela é e faz e como se vê em relação ao seu mercado.
- Objetivo é um alvo a ser atingido, um resultado que se tenta obter, um propósito a ser alcançado.
- Um objetivo eficaz deve ser pessoal, quantitativo, realista, específico, ter prazo e ser baseado em valores.
- Os elementos fundamentais de uma tomada de decisão eficaz são análise das opções disponíveis e determinação de que opções oferecem a melhor solução.

3
Pesquisando carreiras e networking

OBJETIVOS

- Fontes de informações sobre carreiras.
- Network profissional.
- Tópicos para pesquisa.
- Fontes de informações sobre empresas e organizações.
- Informações necessárias sobre uma empresa.

Agora que você já escreveu sua declaração de missão e determinou seus valores, é hora de estabelecer as áreas de interesse e, com base nisso, definir possíveis escolhas de carreira. Isso vai exigir pesquisa de sua parte. Você precisará investigar quais carreiras correspondem aos seus valores e interesses. À medida que pesquisar vários aspectos das diferentes carreiras, você utilizará tantas fontes de informações quanto possível, de modo que adquira conhecimento suficiente para tomar uma decisão acertada. Além disso, vai explorar quais informações deve reunir sobre carreiras e organizações que empregam funcionários na profissão de sua escolha.

Fontes de informações sobre carreiras

É possível usar muitas fontes para aprender mais a respeito de carreiras e suas oportunidades. Algumas fontes são melhores para informações sobre aspectos locais ou regionais e oferecem informações mais específicas. Outras são mais eficazes no sentido nacional ou global. Use tantas fontes quanto possível para aprender tudo o que puder.

CONSULTOR VOCACIONAL NA FACULDADE. A especialidade de um consultor vocacional na faculdade é o conhecimento sobre carreiras e habilidades, capacidades, interesses etc. que uma pessoa precisa ter para ser bem-sucedida na sua carreira. O consultor também pode encaminhá-lo para testes de interesse vocacional que o ajudarão a determinar o que gosta de fazer. Esses testes contêm perguntas sobre o que gosta de fazer, como gosta de trabalhar e onde prefere estar. Os resultados correlacionam seus interesses aos de pessoas que escolheram determinadas carreiras. Isso não significa que você tenha as habilidades e capacidades para desempenhar as tarefas necessárias para tornar-se um funcionário bem-sucedido naquela carreira, mas os resultados lhe darão algumas opções de carreira em que as exigências de trabalho coincidam com o que gosta de fazer. O consultor vocacional é um recurso excelente com o qual você pode iniciar sua pesquisa sobre carreiras.

PUBLICAÇÕES GOVERNAMENTAIS. O Departamento do Trabalho publica anualmente muitos volumes e manuais que podem ajudá-lo na sua pesquisa sobre carreiras. Uma das publicações é o *Dictionary of occupational titles*. Trata-se uma listagem de todas as ocupações encontradas nos Estados Unidos. Publica o *Guide for occupational exploration*, que categoriza ou classifica as profissões.[1] Sob classificações, os trabalhos são categorizados por

---

[1] No Brasil, no site do Ministério do Trabalho encontra-se a Classificação Brasileira de Ocupações (CBO): http://www.mtecbo.gov.br/regulamentacao.asp, que traz uma extensa listagem de profissões. (N. do E.)

ocupações que exigem habilidades, talentos ou características semelhantes. Estas são fontes úteis para descobrir um tipo de trabalho que corresponda aos seus interesses e capacidades.

A INTERNET. Quando tiver uma categoria de tipos de carreiras que interessem a você, use a internet. Selecione um instrumento ou diretório de pesquisa. Restrinja o foco de sua pesquisa de modo que não fique sobrecarregado com centenas de escolhas e fique frustrado em sua pesquisa. Pode ser que tenha de usar diversas palavras-chave diferentes para encontrar a informação de que precisa. A internet oferece a oportunidade de explorar o que parece ser uma quantidade ilimitada de informações, sobre uma riqueza ilimitada de tópicos, com o simples clique de um mouse. Você pode explorar essa enorme biblioteca de conhecimento usando um browser como o Internet Explorer ou o Netscape. No browser, você pode utilizar instrumentos de pesquisa como o Google, Alta Vista ou Yahoo!, que são websites que criam e mantêm um diretório de banco de dados de outros sites. Estes permitem pesquisar bancos de dados para encontrar informações sobre o seu tópico em particular. Quando examinar os instrumentos de pesquisa ou banco de dados, quanto mais específico for a respeito do assunto, maior a probabilidade de restringir a pesquisa e obter as informações de que precisa. Às vezes, a pesquisa pode ser frustrante; o instrumento de pesquisa pode oferecer milhares de sites que abordam o assunto que está procurando. Seria fisicamente impossível examinar todos eles. Assim, quanto mais limitado for seu pedido e quanto mais específico o

assunto, maiores as chances de encontrar o site que fornece as informações de que precisa.

> **DICA:** Quando estiver trabalhando com instrumentos de pesquisa na internet, seja paciente e evite ficar frustrado.

Network profissional

Provavelmente o recurso mais importante que há em relação à sua carreira seja a network. Como discutido no Capítulo 1, essa rede de relacionamentos é composta por pessoas ligadas a você por causa de sua área de trabalho. Diariamente, você está rodeado de pessoas que podem ser muito úteis na sua pesquisa de carreira. Pais, amigos, pais de amigos, colegas de classe, professores, parentes, parentes de amigos, amigos de parentes (literalmente, qualquer pessoa com quem venha a ter contato) podem ser fontes de informações sobre sua carreira.

Uma rede de contatos é muito semelhante a um jardim. Antes de plantar, o canteiro deve estar rico em nutrientes e o solo deve ser preparado para que as plantas possam crescer. Do mesmo modo, você precisa estar preparado para nutrir sua network ao:

- **FICAR ATENTO À SUA ATITUDE.** Você tem uma atitude positiva? Está aberto a novas ideias? Está disposto a gastar tempo e a fazer esforços no sentido de enriquecer os relacionamentos?
- **DESENVOLVER HABILIDADES DE RELACIONAMENTO HUMANO.** Você sabe ouvir? É sensível aos sentimentos dos outros? As pessoas podem confiar em você quando diz que vai fazer o que disse? Tem prazer em conhecer outras pessoas? Aceita ajuda com cortesia? Importa-se com os outros?
- **COMPROMETER-SE COM SEU PRÓPRIO APERFEIÇOAMENTO.** Você procura meios de melhorar? Está comprometido com aprendizado

para a vida toda? Tem um plano de autoaperfeiçoamento? Sabe como deve crescer?

Como um jardim, uma network forte inclui relações simbióticas com raízes profundas e saudáveis, que sobrevivem em um ambiente nutritivo e rico. Isso não ocorrerá sem nutrir os relacionamentos. Outros tópicos subsequentes discutirão como criar e estabelecer uma rede forte e saudável.

Importância de uma network. Uma rede de relacionamentos forte e eficaz oferece apoio, orientação, direção e conselhos, algumas vezes, durante sua carreira. Uma boa network está disponível quando você começa a procurar pelo emprego, decide mudar de carreira, está passando por mudanças em virtude de forças externas, precisa de conselho para lidar com um problema difícil ou quando sente necessidade de apoio moral ou motivador. Uma rede forte de relacionamentos de trabalho é um elemento crucial para começar a desenvolver à medida que trabalha com seu plano de carreira.

Quando tiver uma ideia do que quer fazer, pergunte aos membros de sua rede de contatos se eles conhecem alguém que esteja atualmente trabalhando naquela área específica. Pelo menos uma pessoa deve conhecer alguém. Obtenha o número de telefone ou endereço de e-mail dessa pessoa e entre em contato com ela. Peça que marque uma entrevista para discutir sobre a carreira dela. Prepare suas perguntas para que possa aprender tanto quanto possível com essa conversa. Você conseguirá reunir informações valiosas.

Você deve cultivar uma variedade de amizades para sua rede de relacionamentos. Cada uma delas é importante e pode ser uma fonte valiosa para a evolução de carreira.

Um mentor pode ser um professor, um técnico ou um assistente que o ensinará muito a respeito de seu trabalho e carreira. Mentores são aquelas pessoas experientes em uma área de trabalho, que colocam pessoas jovens e inexperientes sob sua responsabilidade; os mentores compartilham seu conhecimento e oferecem orientação e conselho. Um relacionamento com um mentor pode durar a vida toda. Os mentores são geralmente respeitados em sua área em virtude de sua posição, conhecimento do trabalho e uma disposição para compartilhar e aconselhar. Qualidades que identificam um bom mentor são habilidades fortes de trabalho, além de experiência e conhecimento da sua área, capacidade para ensinar e compartilhar eficazmente e disposição para compartilhar sua experiência com você. Essa última qualidade talvez seja a mais importante. A fim de determinar se uma pessoa será um bom mentor, é preciso observar bastante e ouvir atentamente. Procure por indivíduos que se orgulham da qualidade de seu trabalho, que são bons ouvintes e que podem claramente articular respostas às suas perguntas.

Uma pessoa que conhece muitas outras e que é conhecida por todos é aquela que tem uma coleção de cartões de visita de importantes contatos na própria área de trabalho. Essa pessoa pode ser ativa na câmara de comércio local ou em uma organização sem fins lucrativos ou pode participar de vários conselhos de diretoria. Aquele que "conhece todo o mundo" é importante porque pode colocar você em contato com a pessoa certa, ou com alguém que possa encaminhá-lo para a pessoa certa ou que possa resolver seu problema ou responder à sua pergunta. Esse alguém não precisa ser amigo, mas você deve saber quem essa pessoa é, e compreender quão valiosa ela pode ser.

Tornar-se membro de uma organização profissional pode ser a decisão mais importante para sua carreira. Organização profissional é um grupo de pessoas que se unem para promover sua profissão, desenvolvendo uma declaração de missão e estabelecendo objetivos e padrões pelos quais os membros operam. Cada profissão tem uma organização e a maioria possui uma divisão nacional, regional e estadual. Médicos, advogados, CPA,[2] professores/educadores, engenheiros, assistentes administrativos e arquitetos – todos têm organizações profissionais. Quando uma pessoa é um membro ativo, ela recebe informações atualizadas sobre a profissão e tem a oportunidade de participar de conferências estaduais, regionais e nacionais, o que geralmente possibilita aprender sobre mudanças e inovações na sua área. Tem-se a chance de conhecer outros membros que estão trabalhando na profissão almejada. É uma grande oportunidade para aprender, crescer e desenvolver uma network tão importante – e expandi-la em níveis estaduais, regionais e até mesmo nacionais.

Um defensor é alguém que o apoia e fala por você, promovendo não só a sua pessoa como seus interesses. Ele se torna um membro importante de sua rede de relacionamentos quando você não pode expor suas ideias ou se autopromover, talvez no caso de uma promoção ou quando a eliminação de um cargo estiver sendo considerada. Um defensor forte faz que seus interesses estejam protegidos quando você não estiver à disposição ou não for consultado a respeito de mudanças.

---

[2] CPA – Certified Public Accountants (Associação de Contadores). (N. do T.)

Um amigo profissional tem todas as características típicas de um amigo e pode ser um colega na sua profissão ou área de trabalho. Em outras palavras, esse indivíduo é leal, confiável, mantém sua confiança e está pronto a ajudar quando as coisas se complicam. Esse amigo também fica verdadeiramente feliz por você e é encorajador em situações boas. Geralmente esta é uma via de mão dupla – você preenche essas necessidades na network de seu amigo e ele faz o mesmo por você. Essa pessoa é fundamental, pois você precisa de um porto seguro, uma pessoa encorajadora, um lugar para ir quando encontrar um empecilho qualquer na sua carreira. Lembre-se de que esse relacionamento baseia-se na confiança; confiança precisa ser desenvolvida por um período prolongado e necessita ser cultivada e protegida.

Sua network é muito importante para o desenvolvimento, crescimento e vitalidade de sua carreira. Ela não se desenvolve do dia para a noite e requer constante vigilância para mantê-la ativa e forte. Essas questões serão discutidas adiante.

Tópicos para pesquisa

Você já estabeleceu alguns lugares para obter informações. Esteja preparado para verificar diversas fontes. É possível que ache informações conflitantes ou que seja incapaz de conseguir todas as informações de que precisa de uma única fonte. Agora que sabe quais fontes estão disponíveis, que informações serão mais úteis para você?

DISPONIBILIDADE DE TRABALHO. Este é um fator muito importante no planejamento de carreira. Nada pode ser mais desencorajador, decepcionante ou frustrante que gastar tempo e dinheiro (seus mais importantes recursos) com educação ou preparação para uma carreira e depois descobrir que há falta de empregos naquela área. Por exemplo, imagine que tenha decidido ser assistente na área de direito e trabalhar com um advogado. Sua pesquisa a respeito do mercado de trabalho lhe diz que os advogados na sua cidade não estão contratando assistentes legais, mas, ao contrário, estão procurando por assistentes administrativos para trabalhar na área legal. Nesse momento, você tem de tomar uma decisão em relação à sua carreira. Se continuar morando onde está atualmente, a área de assistente legal não é uma opção forte para você. Sua melhor opção seria conseguir um diploma na área de assistente administrativo. Entretanto, se a recolocação não for um problema e os advogados naquela área empregam assistentes legais, então você deve continuar sua formação nessa área.

Cargos. Muitos cargos podem ter responsabilidades semelhantes, mas com uma variedade de nomes. Quando pesquisar empregos, certifique-se de que incluiu todos os nomes usados na sua área de interesse. Há milhares de nomes diferentes para o mesmo trabalho e diferentes tarefas e responsabilidades para o mesmo cargo. Por exemplo, uma secretária, uma especialista administrativa ou uma assistente administrativa podem ter as mesmas tarefas e responsabilidades. Contudo, uma assistente administrativa pode ter responsabilidades adicionais, dependendo do tipo de escritório para o qual trabalha.

Potencial para evoluir. Também é importante saber qual é o potencial para progredir na carreira que escolheu. A maior parte dos funcionários começa em uma posição inferior. Com o tempo, experiência e educação, uma carreira leva você a vários níveis de trabalhos. Com sorte, cada nível requer mais especialidade e responsabilidade, de modo que você possa crescer intensa e profundamente no que se refere ao conhecimento que tem sobre seu trabalho; assuma um papel de mais liderança na sua carreira e ganhe o respeito de seus supervisores, colegas e subordinados. Por exemplo, um policial novato pode estar fazendo a ronda a pé ou no carro patrulha. Seu próximo passo pode ser chegar a sargento, supervisionando outros e planejando horários de trabalho. Em seguida, passará a ser tenente. Cada passo requer mais conhecimento sobre sua carreira. Suas responsabilidades crescem, apresentando desafios, à medida que avança em sua carreira.

VARIAÇÃO SALARIAL. Certamente você vai querer pesquisar e determinar uma variação salarial para sua área de trabalho. Dinheiro é importante para todos. As pessoas trabalham para sobreviver e para oferecer uma vida boa para sua família e para si. Consequentemente, você deve saber o que é uma quantia razoável que se pode esperar de seu empregador. No entanto, saiba que existem grandes variações de salários em uma mesma carreira e trabalho. Muitos fatores influenciam a variação salarial, como região, ambiente urbano ou rural, formação educacional, histórico e experiência e a disponibilidade de funcionários qualificados em uma área. Por exemplo, um professor de São Paulo, capital, tem salários mais altos que um de Salvador, Bahia. No entanto, antes de julgar essa afirmativa, lembre-se de que o custo de vida também é diferente nesses estados. Além do mais, se há falta de trabalhadores qualificados em determinada área de trabalho, pode haver uma variação salarial maior que a esperada.

EXIGÊNCIAS EDUCACIONAIS. Pesquise o nível educacional exigido em sua carreira. Um diploma de nível superior pode não oferecer as habilidades necessárias para os empregos tecnicamente desafiantes e as carreiras disponíveis. Assim, pesquise as exigências educacionais da carreira na qual está interessado. Você precisa de um certificado ou diploma na área? O trabalho exige um certificado de escola técnica? Ou de faculdade? Um mestrado? Ou doutorado? Talvez você não precise de educação formal, mas sim de formação obtida mediante experiência na área.

Fontes de informações sobre empresas e organizações

À medida que planeja sua carreira, você precisa aprender a respeito das empresas, firmas e organizações que usarão seus talentos e habilidades. Carreiras nem sempre são autossuficientes. Em muitos casos, você será contratado para trabalhar em uma firma. Por exemplo, nem todas as pessoas formadas em Direito abrem as próprias empresas ou entram em um escritório de advocacia. Muitos advogados têm carreiras bem-sucedidas em companhias, no governo e em outros setores. Assim sendo, você vai querer pesquisar aonde sua escolha de carreira poderá levá-lo.

As fontes de informações sobre empresas e organizações são praticamente ilimitadas. Sua capacidade para aprender tanto quanto deseja a respeito de uma empresa pode somente ser limitada pela sua imaginação. Algumas fontes de pesquisa são óbvias, outras não.

A INTERNET. Com a ênfase crescente no *e-commerce*, a maioria das organizações tem um site que oferece informações extensivas a respeito das empresas. Por exemplo, você pode tomar conheci-

Pesquisando carreiras e networking   39

mento a respeito dos produtos de uma companhia, sua história, declaração de missão, CEO e conselheiros; pode também encontrar uma lista dos funcionários, endereços de e-mail e oportunidades de trabalho, incluindo-se suas descrições. Algumas empresas e agências do governo oferecem até mesmo um formulário on-line para solicitação de emprego, que pode ser preenchido e enviado por e-mail. Essa fonte de informação será ainda mais valiosa à medida que a internet e o *e-commerce* crescem.

JORNAIS E REVISTAS. A seção de negócios dos jornais oferece informações extensivas sobre empresas locais, especialmente aquelas que talvez não sejam encontradas na internet ou outras fontes.

Essa seção de negócios também cobre pessoas bem-sucedidas no mundo dos negócios. Quem foi promovido ou quem recebeu um prêmio de prestígio? Revistas como *Business Week* e *Forbes* são boas fontes de informação a respeito de empresas nacionais e globais.

PROSPECTOS DE UMA EMPRESA. Se escrever ou telefonar a uma empresa, solicite um prospecto. Com ele obterá informações úteis, contando como a companhia é formada atualmente. Lembre-se, no entanto, de que é provável que a empresa enfatize os aspectos positivos e passe rapidamente sobre os negativos.

A CÂMARA DE COMÉRCIO OU BETTER BUSINESS BUREAU (BBB) [AGÊNCIA PARA UM COMÉRCIO MELHOR]. A Câmara de Comércio local pode ser uma fonte importante de informações sobre as empresas locais. Pode lhe oferecer informação extensiva sobre uma empresa e a Better

Business Bureau (BBB) pode lhe dizer se uma empresa pratica negócios éticos e justos. Clientes entram em contato com a BBB nos Estados Unidos quando não estão satisfeitos com os serviços oferecidos por uma empresa.

SUA NETWORK. Ao fazer perguntas à sua família, amigos, mentores e colegas de trabalho, você pode aprender muita coisa que deseja saber sobre uma empresa – sua reputação, seus funcionários e produtos, CEO, cultura corporativa, ofertas de trabalho e contatos pessoais. Alguém que o conheça sabe de alguém que conhece a empresa. Descubra quem é essa pessoa e entre em contato com ela. Aprenda tudo o que puder.

Informações necessárias sobre uma empresa

Quando tiver estabelecido o caminho para sua carreira, você começa a procurar pelo emprego. Também vai pesquisar as empresas para as quais gostaria de trabalhar. Mas que tipo de informações está procurando? O que precisa saber para tomar uma decisão sensata?

- **ESTABILIDADE DA EMPRESA.** Estabilidade não significa necessariamente saber há quanto tempo a companhia está em funcionamento. Significa credibilidade ou confiabilidade da empresa. Esta é forte e segura?
- **TENDÊNCIA DE GANHOS.** A empresa é bem-sucedida e apresenta rentabilidade? Oferece um produto de qualidade, qualquer que seja o produto? Estará operando amanhã?
- **LITÍGIO.** Há ações legais pendentes? Estas podem afetar a reputação, o poder de ganho, a tendência empregatícia e a estabilidade da empresa.

- **RUMORES DE INCORPORAÇÃO OU CONTROLE.** Você ouviu rumores, fatos ou comentários sobre incorporação ou tomada de posse? Nesse caso, proceda com cautela. Em geral, quando uma empresa é incorporada a outra, a menor das duas perde seus funcionários. Se só uma posição estiver disponível depois da incorporação, a pessoa empregada pela empresa mais forte provavelmente manterá a posição. Assim sendo, se a empresa menor for a sua, você poderá perder o emprego. Além disso, a última pessoa a ser contratada pode ser a primeira a ser despedida quando ocorre uma incorporação ou corte de funcionários.
- **PORCENTAGEM DE *TURN OVER* DE FUNCIONÁRIOS.** Isso pode ser difícil de ser determinado, mas tente. Uma porcentagem alta de funcionários que saem da empresa pode indicar insatisfação. Muitos motivos podem explicar isso. Uma investigação a respeito de baixo nível de *turn over* mostra que os funcionários estão empregados há bastante tempo, estão felizes com seus empregos e são fiéis à empresa; também indica uma empresa estável e produtiva. Não é de surpreender que uma empresa como esta esteja disposta a compartilhar com você o fato de que tem baixo número de *turn over* de funcionários; entretanto, pode relutar em admitir que essa porcentagem seja alta.

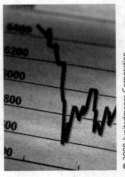

Quanto mais souber a respeito da carreira que escolheu e sobre as possibilidades de emprego, crescimento na profissão e satisfação nessa carreira, mais preparado estará quando começar a procurar ativamente por um emprego. Conforme se movimenta ao longo de sua carreira, você encontrará muitos caminhos alternativos. Embora trabalhe em direção a um objetivo, outras portas podem se abrir, resultando em um novo caminho, que o levará a direções diferentes. Isso não significa que você falhou em alcançar seu objetivo; mas somente que seu objetivo mudou. Tudo bem!

RECAPITULAÇÃO DOS CONCEITOS-CHAVE

- Muitas fontes estão disponíveis a respeito de carreiras (por exemplo, consultores vocacionais em faculdades, publicações governamentais e internet).
- Sua network profissional é composta por pessoas ligadas a você por meio de sua área de trabalho – pais, amigos, pais de amigos, colegas de classe, professores, parentes, parentes de amigos e amigos de parentes.
- Quando estiver pesquisando caminhos para a carreira profissional, investigue disponibilidade de emprego, títulos dos empregos, potencial para avançar na carreira, variação salarial e nível educacional exigido.
- Entre as fontes de informação a respeito das empresas e organizações encontram-se a internet, jornais e revistas, prospectos de empresas, sua câmara de comércio local, o Better Business Bureau e sua network pessoal composta por membros da família e por amigos.
- Entre as informações que deseja obter a respeito de uma empresa estão estabilidade, tendências de ganhos, ações legais pendentes, rumores de incorporação e porcentagem de *turn over* dos funcionários.

4
A procura pelo emprego

OBJETIVOS

- O currículo.
- Partes de um currículo.
- Tipos de currículo.
- Carta de apresentação.
- Formulário de solicitação de emprego.
- A entrevista.
- Tipos de entrevista.
- Preparando-se para uma entrevista.
- Terminando a entrevista.
- Carta de agradecimento.
- Avaliando a entrevista.

Atualmente, os trabalhadores fazem de sete a oito mudanças profissionais em toda a sua vida. Assim sendo, a busca pelo emprego não será uma única experiência para a vida toda. Provavelmente, você fará isso repetidamente. Esse processo inclui diversos passos. Cada um pode ser crucial na ajuda para encontrar o melhor emprego possível dentro dos parâmetros pessoais e profissionais que estabeleceu.

É preciso fazer um currículo que prenda o interesse de um empregador potencial e escrever uma carta de apresentação eficaz que o acompanhará. Em alguns casos, basta preencher o formulário de solicitação de emprego. Depois da entrevista marcada, você vai querer causar uma boa primeira impressão. Envie uma carta de agradecimento após a entrevista para manter seu nome e habilidades em primeiro plano na mente do possível empregador. Todos esses passos são importantes na sua procura por trabalho.

O currículo

O currículo é um documento que contém informações a respeito da experiência em empregos anteriores, histórico educacional, habilidades e capacidades relacionadas. O objetivo de um currículo é conseguir uma entrevista. Geralmente você apresenta o seu currículo a um empregador potencial, incluindo também uma carta de solicitação de emprego, ou carta de apresentação. O método mais comum para que um currículo chegue às mãos de um provável empregador é fazer a entrega pessoalmente ou enviar pelo correio; no entanto, à medida que a tecnologia muda, outros meios estão sendo usados atualmente. Enviar seu currículo por e-mail ou por fax é aceitável se o possível empregador assim o exigir. Você também pode colocar o currículo no seu site pessoal. Se optar por isso e chamar a atenção de potenciais empregadores para seu site, certifique-se de que este seja profissional e o represente como gostaria que seu empregador o conhecesse.

Os empregadores gastam aproximadamente 30 segundos examinando um currículo. Portanto, seu objetivo ao elaborar um deve ser que ele seja de fácil leitura. Assegure-se de que pontos importantes sejam facilmente encontrados e enfatize itens nos quais gostaria que o empregador se concentrasse.

Partes de um currículo

Um currículo pode ser dividido em sete partes: cabeçalho, objetivo, experiência profissional, formação escolar, certificados especiais ou habilidades em software, premiações/reconhecimentos e referências.

■ **CABEÇALHO:** O cabeçalho de um currículo deve conter nome, endereço, número de telefone residencial e endereço de e-mail, se indicado.

DICA: Se tiver uma secretária eletrônica, certifique-se de que a mensagem que a pessoa vai ouvir seja profissional e adequada. Se incluir um endereço de e-mail, assegure-se de que também seja profissional e apropriado.

■ **OBJETIVO:** Essa parte do currículo não é essencial, mas ajuda a focar a atenção do empregador no objetivo que estabeleceu.

■ **EXPERIÊNCIA PROFISSIONAL:** Essa seção detalha informações a respeito de sua experiência profissional. Você deve informar o período em que esteve empregado, o nome da organização para a qual trabalhou e a cidade e o estado onde a empresa está localizada. Informe o cargo que exerceu. Logo abaixo dessa função, faça uma lista dos deveres que desempenhou no trabalho. Comece a descrição com um verbo de ação. Esse método de apresentação facilita ao empregador um exame rápido do currículo para encontrar as habilidades que adquiriu.

■ **FORMAÇÃO ESCOLAR:** Nessa parte do currículo, inclua todas as escolas e faculdades onde estudou, quando se formou e em qual área. Você pode colocar alguns dos cursos que fez, se forem relacionados à área que está procurando.

A procura pelo emprego   47

> **DICA:** Se incluir informações a respeito do ensino médio onde se formou, não coloque a data da formatura. Com essa informação, um empregador pode tomar a decisão a seu respeito com base na sua idade, antes mesmo de conhecê-lo. A idade de uma pessoa pode ser calculada pela data de témino do ensino médio. Isso não se aplica à finalização da universidade, pois há alunos de todas as idades cursando o ensino superior.

Se não terminou o ensino médio, mas conseguiu um GED,[1] diga quando e onde o obteve.

- **CERTIFICADOS ESPECIAIS OU HABILIDADES EM SOFTWARE:** No mundo profissional atual, os empregadores procuram por funcionários com habilidades e/ou conhecimentos especiais. Nessa parte do currículo, faça uma lista dos programas de computador e as versões com as quais já trabalhou.
- **PREMIAÇÃO/RECONHECIMENTO:** Se já recebeu alguma premiação especial ou algum tipo de reconhecimento por atividades escolares, profissionais ou comunitárias, mencione-as. Muitos empregadores buscam por funcionários com uma variedade de interesses e que estejam envolvidos na comunidade.
- **REFERÊNCIAS:** A seção de referência é geralmente a última do currículo.

---

[1] GED significa *General Education Development* e é um exame de equivalência à escola secundária (ensino médio) oferecido a pessoas que não a terminaram. Só pode ser oferecido a quem não está mais matriculado em uma escola secundária regular. (N. do T.)

Indique que suas referências estão disponíveis, se assim exigido. Você pode apresentar ao empregador potencial uma lista de pessoas que podem dar referências durante a entrevista. Referências caem nas seguintes categorias: profissional e/ou relacionada à vida profissional, educacional e pessoal.

Tipos de currículo

Há basicamente três tipos de currículo resumido: cronológico, funcional e *curriculum vitae*. Cada tipo é usado para organizar a formação escolar e a experiência profissional de maneiras diferentes para melhor enfatizar as habilidades da pessoa que está procurando trabalho.

- **Cronológico.** Nesse tipo, tanto a formação escolar quanto a experiência profissional são organizadas em ordem cronológica inversa, isto é, o trabalho mais recente, ou última escola, vem primeiro, seguido pelo não tão recente e assim por diante. As pessoas que estão procurando pelo emprego e que não têm muita experiência ou a que diretamente se relaciona ao emprego que estão procurando consideram esse formato muito eficaz.
- **Funcional.** O funcional é organizado por tipos de experiência. Ele é mais usado por aquelas pessoas que exerceram inúmeras posições e têm vasta experiência.
- *Curriculum vitae.* Esse tipo é mais extenso que o funcional ou o cronológico. Inclui não só formação escolar e experiência profissional mas também publicações, discursos, apresentações, premiação e reconhecimentos. É um tipo usado principalmente por educadores.

A procura pelo emprego 49

SELECIONANDO UM FORMATO EFICAZ. Quando selecionar um formato para o seu currículo, lembre-se de dois fatores: 1) A maioria dos currículos é lida rapidamente, e não de forma detalhada. Trinta segundos é a média de tempo que um empregador passa examinando um currículo. 2) O empregador precisa achar seus pontos fortes e qualificações rapidamente. Assim, coloque essas informações estrategicamente e enfatize as qualificações que o empregador está procurando.

ESTILO E APRESENTAÇÃO. Seu currículo vai apresentá-lo ao possível empregador. Ele não pode vê-lo e, consequentemente, forma uma impressão sobre você e toma uma decisão instantânea a seu respeito por meio da mensagem que o seu currículo envia. Essa imagem é formada em cerca de sete segundos. Jamais dê a oportunidade de o empregador formar uma imagem negativa. Portanto, seu currículo precisa ser perfeito. Não só o conteúdo e a gramática que usa criam uma impressão, mas o papel, a fonte (tamanho, estilo e cor) e o local onde coloca as informações no papel também influenciam a impressão que a pessoa vai formar a seu respeito.

PAPEL E TINTA. Selecione um papel de boa qualidade. Mantenha a aparência profissional usando tons neutros de branco, cinza ou bege/creme. Quando comprar papel, tenha em mente que, quanto mais algodão ou fibra o papel tiver, melhor a qualidade. Use tinta preta. O envelope deve ser da mesma cor e ter peso e qualidade iguais aos do papel usado para o currículo.

TAMANHO E ESTILO DA FONTE. Quando selecionar o tamanho da fonte, não use uma que seja menor que 10 ou maior que 14. Não deve fazer o leitor se esforçar para ler seu currículo. Escolha um tamanho que facilite a leitura. Lembre-se, você não quer que o leitor tenha dificuldades para ler; ele pode nem se dar ao trabalho de ler seu currículo, deixando rapidamente de considerá-lo.

DICA: Depois de imprimir seu currículo, deixe a tinta secar completamente antes de dobrá-lo. Se a tinta não estiver seca, deixará marcas ou sombras do documento na página.

Carta de apresentação

O documento que geralmente acompanha o currículo é a carta de solicitação de emprego, ou carta de apresentação. Use essa carta para "se vender". Forneça informações que não estão incluídas no currículo, enfatize habilidades e capacidades importantes do currículo, informe ao leitor/empregador como soube da posição e solicite uma entrevista. Não use a carta para repetir o que já está escrito no currículo. Seu objetivo é fazer que o leitor queira conhecê-lo, marcando uma entrevista. Essa carta também oferece a oportunidade de demonstrar suas habilidades de comunicação escrita. A entrevista lhe dará a oportunidade de demonstrar suas habilidades de comunicação oral.

TIPOS DE CARTA DE INTERESSE. Há dois tipos de carta de apresentação. O primeiro tipo refere-se à carta que é escrita para a empresa que está ativamente procurando por um candidato potencial e que é chamada carta de solicitação de emprego. Pode ser que tenha tomado conhecimento a respeito da posição por intermédio de um anúncio no jornal, por um amigo ou por um memorando interno da empresa que anuncia posições abertas. Você sabe que a vaga está aberta. As empresas frequentemente solicitam currículos e cartas de solicitação de emprego nos anúncios de jornal, mas usam um número de caixa postal ou outros tipos de endereço. Esse tipo de anúncio é denominado anúncio cego. Você

A procura pelo emprego   51

não sabe e não pode pesquisar o nome da pessoa para quem está dirigindo a carta. A abertura adequada, nesse caso, é *Prezados senhores*.

No segundo tipo de carta de apresentação, você não sabe se há a vaga para a posição que deseja ocupar. Você está escrevendo para descobrir. Esse tipo de carta é conhecido como carta não solicitada de apresentação. A empresa não está ativamente procurando por alguém para uma posição. Seu objetivo ao mandar a carta é colocar seu nome e suas qualificações perante a empresa. Pode haver uma vaga nesse momento ou uma que poderá estar disponível no futuro próximo.

ESTILO E APRESENTAÇÃO. A carta de apresentação deve ter uma página com três parágrafos. No primeiro parágrafo, descreva como soube da vaga e faça uma breve descrição do que está procurando. Pergunte se ela existe.

No segundo parágrafo dos dois tipos de carta pode-se incluir qualquer uma das seguintes informações:

- Diferentes habilidades que possa ter e que normalmente são exigidas para desempenhar o trabalho.
- Quaisquer habilidades que saiba que o empregador precisa, mas que não estejam listadas no seu currículo.
- Por que acredita que é o melhor candidato para a posição.

No último parágrafo, termine perguntando sobre a entrevista, que é o que almeja. Ofereça informações para que o empregador facilmente possa entrar em contato com você.

Como vimos, a carta deve ser impressa em papel do mesmo peso e ter cor e qualidade iguais às utilizadas para o currículo.

DICA:
1. Use tinta preta.
2. Certifique-se de que assinou a carta.
3. Espere que a tinta seque completamente antes de dobrá-la com seu currículo resumido.
4. Dobre os documentos com a carta de apresentação sobre o currículo.

Formulário de solicitação de emprego

O empregador irá fornecer-lhe um formulário de solicitação de emprego. Você pode pegá-lo na empresa ou o departamento pessoal pode enviá-lo. Pode também encontrá-lo no site da empresa; baixe-o, preencha-o com as informações necessárias e o envie à empresa pelo correio ou por e-mail.

DICA: Procure preencher o formulário de solicitação de emprego no computador. Um formulário preenchido desse modo parecerá mais profissional e mais fácil de ser lido. Isso é especialmente importante se tiver uma letra ilegível. Se não puder preencher no computador, escreva com letras de fôrma legíveis e use caneta de tinta azul ou preta.

O formulário de solicitação de emprego deve estar correto e completo. Não deixe nenhuma seção em branco. Use *NA* (não se aplica) se as informações pedidas não se aplicarem a você.

A entrevista

Uma entrevista é uma reunião, geralmente presencial, entre o empregador e a pessoa que está solicitando um emprego. Trata-se de uma sessão de perguntas e respostas, com o objetivo de estabelecer se as qualificações do entrevistado satisfazem às necessidades do empregador. A entrevista também permite que

A procura pelo emprego   53

o entrevistado determine se a posição e a empresa vão ao encontro de suas necessidades.

A entrevista é um dos fatores cruciais na determinação da oferta de emprego e pode ter vários formatos. Preparação é o segredo para uma entrevista bem-sucedida. Praticar as respostas a perguntas típicas ajuda a desenvolver a confiança e a diminuir o nervosismo que ocorre em entrevistas. Sua aparência e a primeira impressão que causar no entrevistador são muito importantes. Considere a entrevista como uma oportunidade para aprender tanto quanto possível sobre a posição e a empresa. Ela pode ser uma via de mão dupla. Certifique-se de que informações fluam nas duas direções.

Quando a entrevista terminar, verifique a eficácia de seu desempenho de modo que possa melhorar as áreas mais fracas. Avalie seu desempenho. Faça para si mesmo perguntas semelhantes a estas: que perguntas respondi bem? Qual foi a pergunta mais difícil? Como responderia a essa pergunta se fosse feita novamente? Além disso, aproveite a oportunidade de manter seu nome e qualificações à vista de seus entrevistadores, escrevendo uma carta de agradecimento 24 horas após a entrevista.

Tipos de entrevista

Basicamente, há dois tipos de entrevista – estruturada e não estruturada. Em uma entrevista estruturada, o entrevistador faz exatamente as mesmas perguntas, na mesma ordem, para todos os entrevistados. Desse modo, todos os entrevistados têm oportunidades iguais para apresentar suas qualificações; também quaisquer possibilidades de favoritismo ou discriminação são eliminadas. A entrevista não estruturada, no entanto, é mais informal e as perguntas podem ser feitas ao acaso. O entrevistador pode escolher uma pergunta com base na resposta dada à questão anterior.

> **DICA:** Cuidado para não se sentir à vontade demais em uma entrevista não estruturada.

FORMATO DA ENTREVISTA. A maioria das entrevistas é presencial e realizada por um entrevistador e um entrevistado. Atualmente, é comum uma entrevista em formato de painel, o que significa um entrevistado para um painel de entrevistadores (três a seis). As perguntas em geral são organizadas previamente e cada entrevistador pode fazer diversas perguntas. Um chefe, em geral, faz o papel de facilitador da entrevista.

Quando a distância é um problema e o preço da viagem é proibitivo, os empregadores podem conduzir uma entrevista por telefone utilizando um aparelho de telecomunicações. Voz e habilidades de comunicação oral são importantes nessa situação. Os avanços tecnológicos oferecem novas opções em termos de entrevistas a longa distância. Equipamentos de telecomunicações, como videoconferência, estão sendo utilizados, em alguns casos, com transmissões de áudio/vídeo. Esse tipo exige equipamento caro de ambos os lados da entrevista; porém, o entrevistador e o entrevistado podem se ver e ouvir em tempo real. Utilizando a internet e o programa NetMeeting, o entrevistador e o entrevistado colocam uma câmera de custo relativamente baixo, como webcam, no seu computador pessoal; ambos podem se ver e ouvir em tempo real.

Melhorias em tecnologia terão um grande impacto no formato de entrevistas. Os métodos mencionados aqui podem não ser comuns em todos os lugares; no entanto, no futuro, pode ser que entrevistas face a face sejam consideradas coisas do passado.

Preparando-se para uma entrevista

Pesquisa. O preparo para uma entrevista começa com uma pesquisa sobre a empresa com a qual está planejando trabalhar. Use sua network, internet, câmara de comércio, jornais, revistas sobre negócios e os prospectos da empresa (se conseguir adquirir um). Informe-se sobre os produtos da empresa. Tente aprender os nomes das pessoas na alta administração e as posições que ocupam. Tente descobrir o nome do entrevistador e o cargo que exerce. Investigue a história da empresa. Quem são seus competidores? Leia a declaração da missão da empresa. Aprenda tudo o que puder.

Aparência e vestuário. Um entrevistador toma uma decisão a seu respeito nos primeiros 5 minutos. Planeje com antecedência. O que vai usar? Escolha sua roupa com cuidado. Certifique-se de que seja profissional, confortável, limpa e adequada. Tudo deve se encaixar perfeitamente.

Mulheres: Escolha um *tailleur* de calça ou saia azul-marinho, cinza, vinho, preto ou em tons de marrom. Escolha a cor e estilo que a favoreçam mais. A meia-calça deve combinar com a cor da roupa ou ser da cor da pele. O sapato deve ser preto, azul-marinho, marrom ou vinho, com salto alto de aproximadamente 5 centímetros. Escolha seus acessórios cuidadosamente. Se optar por bolsa ou carteira, certifique-se de que combina com os outros acessórios.

Homens: Selecione um terno azul-marinho ou cinza-escuro com uma camisa de manga comprida branca. A gravata deve ter desenho discreto, de preferência com fundo vermelho-escuro ou azul-marinho. As meias devem ser pretas e compridas o suficiente para não mostrar a pele, caso cruze as pernas. Selecione os acessórios com cuidado.

> **DICA:** Enquanto estiver sendo entrevistado ou ao pesquisar a empresa, o candidato a uma posição deve observar cuidadosamente o que parece ser aceitável para a companhia. Cabelo, dentes, hálito, corpo e roupa precisam estar impecavelmente limpos. Vá até o local da entrevista antes da data, para ver quanto tempo leva para chegar lá. Planeje chegar dez minutos antes ao local da entrevista.

PREPARANDO-SE PARA AS PERGUNTAS DA ENTREVISTA. O melhor modo de se preparar para as perguntas da entrevista é praticando. Desenvolva uma lista de possíveis perguntas. Há muitos livros que tratam do assunto e trazem listas de perguntas mais frequentes. A internet é uma grande fonte de perguntas de entrevista. Em seguida, desenvolva respostas adequadas. Pratique as respostas enquanto dirige para a escola ou para o trabalho, ou em frente ao espelho. Peça a um amigo ou a alguém da família que faça as perguntas a você enquanto treina as respostas.

Em geral, as perguntas de entrevistas abrangem diversas áreas: quebra-gelo, interesses pessoais, preparo educacional e experiência relacionada ao trabalho. Dois tipos de pergunta podem ser feitos: perguntas abertas e fechadas. As fechadas requerem respostas curtas, de uma ou duas palavras; as abertas pedem que o candidato explique, expresse uma opinião ou descreva uma situação. Em outras palavras, a pessoa precisa organizar seus pensamentos e desenvolver sentenças e parágrafos a fim de responder eficazmente a uma pergunta.

Nos Estados Unidos, a Civil Rights (Lei sobre Direitos Civis) de 1973 e seus artigos subsequentes tornaram algumas perguntas ou áreas ilegais para os entrevistadores. É ilegal perguntar sobre etnia, orientação sexual, idade, histórico étnico ou crenças religiosas. Nem todos os entrevistadores têm conhecimento a respeito da ilegalidade de determinadas questões. Se uma pergunta

A procura pelo emprego   57

ilegal for feita durante uma entrevista, você tem algumas opções. Por exemplo: 1) Pode responder à pergunta. 2) Pode questionar de que modo a pergunta se relaciona com os deveres e responsabilidades do trabalho. 3) Pode mencionar que a pergunta é ilegal e se recusar a respondê-la. As opções 2 e 3 provavelmente o eliminarão da lista a ser considerada para a posição. Se a empresa faz perguntas ilegais, deliberadamente ou por ignorância a respeito da lei, você pode optar por não trabalhar em um ambiente como esse.

Terminando a entrevista

Fique atento para uma indicação por parte do entrevistador de que a entrevista terminou. Essa indicação pode ser quando ele questiona se você tem alguma pergunta a fazer. O entrevistador pode informar como e quando a decisão a respeito da posição será tomada. A fim de evitar confusões, pergunte ao entrevistador qual será o próximo passo. Pergunte se pode telefonar em uma ou duas semanas para ter informação a respeito da decisão. Descubra como será notificado. Ter esse tipo de informação evita que fique em dúvida se deve telefonar ou não a respeito da decisão tomada.

Quando a entrevista terminar, levante-se, agradeça o entrevistador por seu tempo e por considerá-lo para a posição, cumprimente-o e saia. Agradeça qualquer outra pessoa que o tenha auxiliado quando chegou à empresa.

Carta de agradecimento

Um dia após a entrevista, escreva uma carta de agradecimento ao entrevistador. Se mais de um esteve presente, pode enviar uma carta a cada um deles ou para o líder dos entrevistadores e mencionar os outros.

No primeiro parágrafo, agradeça ao entrevistador pelo seu tempo e por considerá-lo para a posição. No segundo, você tem as seguintes opções: salientar algo que gostaria de ter enfatizado durante a entrevista, mas que não teve a chance de fazê-lo. Por exemplo, talvez não tenha ficado satisfeito com o modo como respondeu a uma pergunta. Use essa oportunidade para respondê-la novamente e bem. Ou pode querer listar novamente as habilidades e capacidades que tem e que o tornam "perfeito" para a função. No terceiro parágrafo, reafirme o que o entrevistador lhe disse a respeito do próximo passo.

A carta de agradecimento também é uma oportunidade para você comunicar ao entrevistador que não está mais interessado na posição. Explique seus motivos. O entrevistador ficará agradecido por saber disso tão logo quanto possível, pois assim ele não perderá tempo considerando-o para a posição para verificar, posteriormente, que recusou a oferta.

Certifique-se de que assinou a carta. Esta deve ser escrita com o mesmo tipo de papel, com cor, tamanho e qualidade iguais ao que utilizou para seu currículo e carta de apresentação.

Avaliando a entrevista

Como se faz com qualquer experiência nova, é preciso avaliar o que conseguiu realizar a fim de crescer e melhorar seu desempenho. Isso é válido para o processo de entrevista. É essencial que reveja seu desempenho de modo a melhorar para a próxima entrevista.

Faça uma lista de perguntas, por escrito, para se fazer depois da entrevista. Responda-as imediatamente após o seu término.

Ao escrever suas respostas, você consegue atingir dois objetivos: 1) Um registro de quem fez ou disse certas coisas. 2) Notas para poder rever, caso seja chamado para uma segunda entrevista.

RECAPITULAÇÃO DOS CONCEITOS-CHAVE

- As partes do currículo são cabeçalho, objetivo, experiência profissional, formação escolar, certificados especiais ou conhecimento sobre software, premiação e reconhecimento e referências.

- Há três tipos de currículo. O cronológico é organizado de modo que a experiência profissional e a formação escolar sejam colocadas em ordem cronológica inversa. O funcional é organizado por tipos de experiência e o *curriculum vitae* é o mais detalhado, listando a formação escolar e a experiência profissional e é utilizado principalmente por educadores.

- Seu currículo o representa para um empregador potencial. Selecione um papel de boa qualidade. Use tinta preta e uma fonte que propicie boa leitura, com corpo entre 10 e 14.

- Há dois tipos de carta de apresentação: solicitada e não solicitada. A carta de apresentação solicitada é escrita quando você sabe que uma empresa está ativamente procurando por um candidato para preencher determinada posição. A não solicitada é escrita para uma empresa quando você não sabe se a vaga está disponível, mas quer colocar seu nome e qualificações perante a empresa.

- Sua carta de solicitação de emprego deve ser escrita em papel de mesma cor e ter peso e estilo iguais aos utilizados para seu currículo. Deve ter uma página e cerca de três parágrafos.

- Um formulário de solicitação de emprego fornecido pela empresa deve ser preenchido corretamente e estar completo.

- Entrevista é uma reunião, geralmente face a face, entre o empregador e um candidato ao emprego. É uma sessão de perguntas e respostas para determinar se as qualificações do candidato satisfazem às necessidades do empregador e vice-versa.

- Ao planejar o que usar para uma entrevista, sua principal preocupação deve ser de que sua roupa seja profissional, confortável, limpa e adequada.

■ Uma carta de agradecimento eficaz deve expressar o quanto você ficou agradecido pelo tempo e atenção dispensados pelo entrevistador, enfatizar por que você é o candidato perfeito para a posição ou responder novamente a uma pergunta que não foi bem respondida. Pode-se, também, questionar o que deve ocorrer em seguida, caso queira a posição.

5
A oferta de emprego

OBJETIVOS

- Cultura corporativa.
- Como investigar a cultura corporativa.
- Benefícios oferecidos pelas empresas.
- Pesquisando variações salariais.
- Avaliando custos de oportunidades.
- Agradecendo pelas referências.

Ao receber uma proposta de emprego, você precisa avaliar o que a empresa está lhe oferecendo. Aquela oferta significa mais que simplesmente o seu salário mensal, anual ou por hora. Cada empresa tem sua cultura corporativa, seja ela formada por duas ou 200 mil pessoas. Essa cultura determina a atmosfera ou o ambiente em que o trabalho da organização se realiza. A cultura de uma empresa raramente é escrita e pode levar muito tempo para se desenvolver. É importante que você se encaixe na cultura da organização para a qual trabalha.

Muitas empresas oferecem algum tipo de benefício aos funcionários. Esses benefícios podem variar de férias remuneradas até planos de aposentadoria e de saúde. É óbvio que os benefícios têm valor. Você precisa determinar qual valor esses benefícios acrescentam à oferta de emprego, além do salário que recebe. E também deve levar em consideração o salário, a cultura corporativa e os benefícios ao tomar uma decisão de aceitar ou não uma oferta de emprego.

Depois de decidir aceitar a oferta de emprego, agradeça às pessoas que deram referência e pela ajuda prestada para que obtivesse essa colocação.

Cultura corporativa

Cultura é definida como "as ideias, costumes, habilidades, artes etc. de dado grupo de pessoas em determinado ambiente".[1] Consequentemente, uma cultura corporativa é o conjunto de regras não escritas de comportamento, valores, regras de contratos/procedimentos, e assim por diante, que influenciam o modo pelo qual os negócios são conduzidos no local de trabalho. Todas as organizações desenvolvem uma cultura corporativa, sejam empresas de pequeno ou grande porte. Por exemplo, na Empresa A, novas ideias podem ser incentivadas; criatividade recompensada; iniciativa valorizada e pensamentos inovadores, promovidos. A Empresa B, no entanto, prefere que os negócios sejam feitos à moda antiga. Ideias novas de funcionários não são incentivadas, iniciativa é tida como comportamento de rebelião e ideias inovadoras não são consideradas necessárias para o sucesso da empresa.

Algumas organizações podem enfatizar serviço ao consumidor como o recurso mais importante que têm. Essa ideia, então, impulsiona todas as decisões feitas dentro da empresa. No outro extremo, uma organização pode acreditar que a base, ou lucro,

---

[1] *Webster's new world dictionary*. 2. ed. College Edition. William Collins and World Publishing Company, Inc., 1978.

é o único fator essencial. Todas as decisões de negócios são feitas com base em como essas decisões vão impactar os lucros da empresa. Algumas podem acreditar que competitividade e rivalidade entre os indivíduos são os melhores métodos para se obter lucro dentro da empresa; outras podem enfatizar o trabalho de equipes, e depender dele como a chave para a realização dos objetivos da empresa.

Averiguar a cultura corporativa de uma empresa antes de aceitar a oferta de trabalho é para seu próprio benefício. Se for uma pessoa altamente criativa e se a premiação por ideias inovadoras for um fator de motivação para você, provavelmente não gostaria de aceitar uma posição na Empresa B do exemplo, pois poderia ficar muito infeliz. Certifique-se de que o ambiente que escolhe para passar sua vida profissional esteja de acordo com seus valores e sua missão de vida.

> **DICA:** Você precisa se encaixar na cultura de sua empresa, pois 8 horas por dia, 40 horas por semana e 2 mil horas por ano é um período muito longo para ficar infeliz, descontente e/ou frustrado.

O que você valoriza na vida deve coincidir (ou pelo menos não contrariar) com os valores da empresa que escolher para trabalhar. Por exemplo, você aceita uma posição na Empresa Z. Logo, verifica que ela valoriza muito seus lucros ou perdas. A fim de economizar com os altos custos para se livrar do lixo tóxico que gera, a empresa está se livrando dele de forma ilegal. Você acredita que é importante ter ar, água e solo limpos e considera que jogá-los em lugar impróprio não seja ético

© 2008 JupiterImages Corporation

(sem mencionar, ilegal). Seus valores estão em conflito com os valores da empresa e com a cultura corporativa. É melhor começar a procurar outro emprego.

O sistema de comunicação na empresa geralmente diz muito a respeito da cultura corporativa. As informações viajam em três direções em uma companhia: de modo ascendente, ou seja, dos subordinados para o supervisor; descendente, do supervisor para os subordinados; e horizontalmente, de colegas para colegas do mesmo nível. Quando a comunicação não é aberta nessas três direções, os rumores empresariais tomam conta e se tornam muito ativos. Esses rumores surgem em consequência de canais pobres ou obstruídos de comunicação.

Quando um subordinado sente-se bem discutindo problemas abertamente com seu supervisor, compartilhando notícias boas e ruins, significa que o canal de comunicação ascendente está aberto. Quando um supervisor compartilha decisões tomadas pela gerência, aceita *input* e implementa sugestões dadas pelos funcionários, ouve cuidadosamente o que eles dizem (e o que não dizem), e os respeita, o canal de comunicação descendente está funcionando bem. Quando um colega se sente bem discutindo problemas, procedimentos e métodos para trabalhar melhor juntos, como colegas de equipe, o canal horizontal está aberto.

Quando os três canais funcionam de forma eficaz, não há motivo para que as informações sejam espalhadas por meio de rumores. Todas as informações são compartilhadas em todos os níveis e em todas as direções. Por conseguinte, uma cultura corporativa saudável tem um sistema aberto de comunicação, no qual se valoriza e respeita o compartilhamento.

Como investigar a cultura corporativa

Como você descobre qual é a cultura corporativa? Esta não é uma tarefa fácil. O entrevistador raramente compartilhará os aspectos negativos de uma empresa. Além disso, as entrevistas geralmente são padronizadas, e com isso você acaba tendo poucas oportunidades para aprender a respeito da cultura corporativa naquele momento. No entanto, a maioria dos bons entrevistadores perguntará se tem alguma pergunta a fazer. Esta é a sua oportunidade!

- Se puder, investigue a porcentagem de pessoas que entram e saem da empresa. A insatisfação com a cultura corporativa é um dos motivos principais pelos quais as pessoas saem de uma empresa.
- Se conseguir, investigue qual é o sistema de premiação. Como as pessoas são avaliadas? Como os funcionários são motivados? Que aspectos do desempenho são avaliados? Como as pessoas são promovidas? Quais são os critérios usados para a promoção?
- Verifique o que o supervisor realmente deseja. Se ele estiver presente durante a entrevista, faça perguntas a respeito das expectativas de seu desempenho. Como você será avaliado?

Outro modo de averiguar a cultura corporativa é por meio de sua network. Alguém conhece alguém que trabalha para a empresa na qual você está interessado. Pode ser um amigo de um parente, um amigo da faculdade ou um parente de um amigo. Encontre alguém que esteja trabalhando na empresa por mais de um ano. Fale com o maior número de pessoas possível em todos os níveis da empresa.

A oferta de emprego 67

Lembre-se de que seu objetivo é saber tudo o que puder a respeito dos valores não escritos da empresa, expectativas comportamentais, sistema de premiação e assim por diante. Com base no que descobrir, você pode analisar e avaliar se acredita que se encaixa naquela cultura corporativa. Decida se esta corresponde a seus valores, consequentemente, valorizando seu trabalho. Este é um dos muitos fatores que devem ser considerados na avaliação da proposta da empresa.

Benefícios oferecidos pelas empresas

Um benefício é uma contribuição feita pela empresa, que tem valor para o funcionário ou que o ajuda de algum modo. Essa contribuição é feita para o funcionário, além do salário pago para desempenhar um trabalho.

Muitas empresas norte-americanas sabem que contratar um funcionário qualificado e capaz significa oferecer benefícios tentadores. Pesquisar os benefícios oferecidos e ter uma ideia do seu valor é muito importante quando se avalia e por fim se toma uma decisão a respeito de uma oferta de emprego. Uma empresa que não oferece benefícios pode estar em desvantagem quando do quiser atrair funcionários qualificados. Por outro lado, uma empresa que oferece um pacote abrangente de benefícios pode oferecer um salário menor a um funcionário qualificado, pois está oferecendo mais benefícios.

FÉRIAS/LICENÇA. Embora férias, licenças médicas e licenças pessoais remuneradas sejam comuns em muitas empresas, elas ainda são consideradas benefícios. Muitas empresas exigem um período de experiência antes de os benefícios se tornarem disponíveis. Alguns benefícios aumentam em razão do maior tempo de permanência do funcionário na empresa. Por exemplo, após o primeiro ano de emprego, um funcionário pode ter uma semana de férias remuneradas. Depois de dois anos, pode receber duas semanas de férias. Funcionários que permanecem na mesma empresa por 15 ou 20 anos podem receber de quatro a seis semanas de férias remuneradas por ano.

O mesmo ocorre com licença médica remunerada. Pode-se ter direito a determinado número de dias por mês ou ano. Se não utilizar todos os dias a que tem direito, pode acumulá-los até um número máximo. Por exemplo, suponha que tenha direito a 1,5 dia por mês para licença médica. No fim de um ano, terá acumulado 18 dias. Imagine que só tenha usado três desses dias. Ainda sobram 15 para o próximo ano. A empresa pode, no entanto, estabelecer uma política, limitando o número de dias aos quais tem direito, por exemplo, "até 180 dias de licença por doença". Levaria dez anos para ter direito aos 180 dias, considerando-se que não tenha faltado nenhum dia por doença durante dez anos. Muitas empresas pagam o funcionário pelos dias de licença não usados, quando a pessoa se aposenta. Isso poderia equivaler a uma boa quantia em dinheiro, se trabalhar para uma empresa por muitos anos.

BONIFICAÇÕES. Muitas empresas recompensam seus funcionários por trabalho excepcional ou por ideias que resultem em lucro eficaz. Uma empresa com um desempenho excepcionalmente bom durante um ano fiscal pode oferecer bonificações aos seus funcionários. Bonificações são geralmente oferecidas como premiação ou para motivar os funcionários a continuar

A oferta de emprego 69

a apresentar desempenho excepcional. Podem ser baseadas em uma porcentagem do salário ou comissão ou podem corresponder a um rendimento fixo.

Desenvolvimento educacional/profissional. As empresas que querem que seus funcionários melhorem suas habilidades e capacidades podem financiar cursos educacionais, seminários e workshops. Muitas vezes, um empregador paga pelo curso ou reembolsa o funcionário após a sua conclusão bem-sucedida. Em muitos casos, um empregador pode chegar a dar um aumento para os funcionários que atingem com sucesso os padrões ou resultados esperados. O empregador também pode estipular um financiamento de desenvolvimento educacional ou profissional ao exigir que os funcionários permaneçam na empresa por determinado período após o término do curso.

Seguro-saúde. Seguro-saúde é o benefício mais desejado entre os funcionários; entretanto, pode ser extremamente caro, especialmente para aqueles acima de 50 anos. Os funcionários geralmente preferem escolher seus próprios médicos e ter uma quantia fixa para pagar pelas prescrições. Há uma grande variedade de opções de planos de saúde. Dois deles são discutidos a seguir.

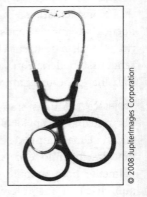

No plano da Health Maintenance Organization (HMO), o paciente escolhe o médico entre aqueles qualificados para o pronto atendimento. O médico faz exames de rotina e de prevenção e também faz o acompanhamento dos cuidados gerais de saúde do paciente. Este, em geral, paga uma pequena taxa da conta ou uma porcentagem fixa entre US$ 5 e US$ 10 pela visita ao médico. Não se exige que o paciente preencha qualquer tipo de formulário.

Já no plano Point-of-Service, o paciente recebe uma lista dos médicos que dele participam. Os pacientes podem escolher um médico da lista e depois pagam uma porcentagem pela visita, geralmente entre 15% e 20%. Os benefícios podem ser restritos e alguns exames e determinados tratamentos podem não ter cobertura. O paciente precisa pagar na hora pelos serviços prestados pelo médico e deve preencher um formulário a fim de ser reembolsado pelos 80% a 85% restantes do preço da consulta.

Embora o seguro médico possa ser caro para a empresa, é um benefício valioso para o funcionário, e vale a pena ser considerado quando faz parte do "pacote" de oferta de trabalho. Adquirir um plano de saúde individual pode ser muito caro; pode ser que tenha de gastar aproximadamente US$ 600 por mês, o que significa US$ 7.200 por ano a sair do seu bolso. Quando acrescenta essa quantia à oferecida pelo empregador, a oferta de emprego pode se tornar mais atraente.

SEGURO DE VIDA. Quando as pessoas começam a trabalhar, a receber um salário e a ter uma renda para sustentar suas famílias, elas assumem certas responsabilidades no sentido de proteger o futuro delas em caso de morte. Mesmo que não seja o principal responsável pelo ganha-pão da família, sua renda ainda oferece a ela uma qualidade de vida que gostaria de poder manter, caso perca sua renda. Atualmente, muitas empresas oferecem seguro de vida como um dos benefícios. Pode corresponder a um salário anual, uma porcentagem de seu salário ou uma quantia específica. Com o passar dos anos, à medida que sua renda muda, é preciso avaliar a quantia do seu seguro de vida, de modo que sua família, que depende de sua renda, seja adequa-

A oferta de emprego 71

damente recompensada pela perda desta, caso alguma coisa aconteça a você. Os seguros de vida estão disponíveis por tempo determinado ou permanentemente; você deve escolher o que melhor satisfaz suas necessidades.

APOSENTADORIA/PLANOS DE PREVIDÊNCIA. *Social Security*[2] é um benefício federal estabelecido no fim da década de 1930, nos Estados Unidos, para ajudar as pessoas quando elas se aposentam e para ajudar funcionários inválidos, além de viúvas e órfãos de funcionários. Hoje, muitas pessoas se preocupam em saber se essa seguridade social ainda estará disponível quando todos os *baby boomers*[3] se aposentarem. A questão em torno da privatização da seguridade social para permitir que os participantes invistam os próprios fundos, ou uma parte deles, pertence a essa discussão. Quaisquer que sejam os resultados dessa questão, a seguridade social por si só não será suficiente para manter a qualidade de vida que você estabeleceu durante todos os seus anos de trabalho.

Você precisa planejar e economizar para a aposentadoria. Nunca é tarde demais, ou cedo demais, para começar seu plano de aposentadoria privada.

A empresa para a qual trabalha também pode ter um plano de pensão ou aposentadoria para ajudá-lo. Agências federais e estaduais têm planos de aposentadoria que geralmente exigem a comprovação de um número determinado de anos de serviço antes de poder receber os benefícios completos do plano. Empresas particulares oferecem outros planos estabelecidos.

---

[2] *Social Security* (Seguridade Social) – é muito semelhante ao Fundo de Garantia do Tempo de Serviço (FGTS), pago pelos funcionários registrados no Brasil. (N. do T.)

[3] Termo usado para se referir ao grande número de bebês nascidos no período de crescimento econômico ocorrido logo após a Segunda Guerra Mundial. (N. do T.)

O governo federal norte-americano estabeleceu dois planos dos quais você pode participar. O 401(k) é um plano de investimento e de poupança, com impostos pagos somente no momento de resgatar o dinheiro. Muitos empregadores contribuem com uma quantia equivalente àquela investida pelo funcionário. Isso permite que não pague impostos sobre os ganhos até que se aposente. Você paga impostos sobre a renda e os ganhos a que tem direito apenas quando retirar o dinheiro do plano, o que pode ser feito após completar 59 anos e meio.

O plano 403(b) é do mesmo tipo, pagam-se impostos somente ao retirar o dinheiro do plano, e é oferecido por organizações sem fins lucrativos, como escolas públicas e governos estaduais, que não podem participar do plano 401(k). No plano 403(b), os empregadores geralmente não contribuem com uma quantia equivalente à dos funcionários. As regras do plano são, de modo geral, iguais às do 401(k).

O IRA[4] é outro tipo de investimento em que os impostos são pagos na retirada do dinheiro. Muitas estruturas diferentes estão disponíveis para esse tipo de plano de investimento/aposentadoria. Geralmente, uma pessoa pode investir até US$ 2 mil por ano. Nesse caso, também, não se pagam impostos até o momento da retirada do dinheiro do plano. Impostos são pagos sobre o investimento principal e os ganhos obtidos ao longo dos anos.

Outro tipo de IRA agora disponível é o Roth IRA. Uma diferença importante entre esses dois tipos é que, quando você investe no Roth IRA, paga impostos sobre o valor investido no momento. Quando se retiram o valor principal e seus rendi-

---

[4] Individual Retirement Account (Plano de Aposentadoria Individual). (N. do T.)

mentos em uma data posterior, não se pagam impostos sobre o valor principal nem sobre os rendimentos.

É importante pedir conselho a um consultor financeiro de confiança quando tiver de escolher seu plano pessoal de aposentadoria.

OUTROS BENEFÍCIOS. Parece haver tantas categorias de benefícios quanto são as empresas hoje em dia. Além dos já mencionados, algumas empresas oferecem planos de saúde e convênios com academias, creches, uma variedade de programas de licença, opções de obter ações, planos de anuidade, estacionamento gratuito, *job sharing*,[5] *telecommuting*[6] e assim por diante. Muitas empresas oferecem uma grande variedade de planos e permitem que os funcionários escolham aqueles que melhor se encaixam às suas necessidades. Isso é geralmente chamado "bandejão" de benefícios.

No Brasil

SEGURO-SAÚDE. O seguro-saúde cobre despesas de assistência médica como consultas, exames, procedimentos e internação, sendo paga diretamente pela seguradora ao provedor do serviço. Proporciona aos associados, além da rede credenciada de médicos, hospitais e laboratórios, a livre escolha desses prestadores. Na maioria das vezes é comercializado como plano coletivo e dividido em categorias de atendimento e de

---

[5] *Job sharing* (compartilhamento de emprego) – um mesmo cargo pode ser dividido entre dois ou mais funcionários. (N. do E.)

[6] *Telecommuting* (telecomutação) – o funcionário trabalha em casa em alguns dias da semana. (N. do E.)

número de participantes por grupo. Nos planos de saúde, os associados têm o serviço de assistência médica prestado pelos profissionais e estabelecimentos credenciados pela operadora.

FÉRIAS. No Brasil, a legislação trabalhista estabelece 30 dias de férias por ano de trabalho, podendo o período ser dividido em duas partes, nenhuma inferior a 10 dias, ou na forma de 20 dias de descanso e 10 dias pagos como abono pecuniário. Durante o período de férias, o funcionário tem acréscimo de 1/3 do valor de seu salário normal no pagamento. Um trabalhador deve gozar as férias necessariamente entre 12 e 24 meses decorridos de sua contratação ou do último período de férias adquirido.

LICENÇA. As hipóteses de licença habitualmente concedidas de acordo com a lei são: licença-maternidade (120 dias), serviço militar, aposentadoria por invalidez, licença por motivo de doença e faltas legais estabelecidas por lei. O empregador não está obrigado a conceder licenças não previstas em lei, podendo, porém, concedê-las através de acordo com o funcionário.

SEGURO DE VIDA. Subdivide-se em duas espécies: seguro de vida propriamente dito, em que o risco é coberto como consequência do óbito do segurado em favor do beneficiário designado; e o seguro de sobrevivência, quando é pago ao próprio segurado certa quantia se este atingir determinada idade ou se tiver nascido há certo tempo, sendo, assim, contrato temporário. Não tendo o seguro de vida função indenizatória, não há limites para a fixação de seu valor, podendo o estipulante consignar o que melhor lhe aprouver.

APOSENTADORIA/PLANOS DE PREVIDÊNCIA. No Brasil, o governo mantém o INSS (Instituto Nacional de Seguridade Social), responsável pelo pagamento da aposentadoria e de benefícios como auxílio-doença, auxílio-maternidade, auxílio-reclusão, auxílio de acidente de trabalho e pensão por morte.

Como complemento da aposentadoria estatal, há dois tipos de entidade de previdência complementar: a fechada, em que uma instituição sem fins lucrativos administra os planos de previdência de determinada sociedade, atendendo exclusivamente os empregados de suas patrocinadoras; e a aberta, que pode ter fins lucrativos e o objetivo de administrar planos de qualquer pessoa.

Há também duas modalidades de previdência complementar, podendo ser o plano intermediado e parcialmente custeado pela empresa para a qual se trabalha: o PGBL (Plano Gerador de Benefício Livre) e o VGBL (Vida Gerador de Benefício Livre). Ambos possuem as mesmas características e taxas; a principal distinção consiste na sua tributação.

No PGBL pode-se deduzir o valor das contribuições da base de cálculo do Imposto de Renda, limitado a 12% da renda anual. O VGBL é indicado para quem deseja diversificar os investimentos ou para quem aplica mais de 12% da renda bruta, pois a tributação ocorre apenas sobre o ganho de capital.

Texto de Adriana Jönck

Pesquisando variações salariais

A maioria das pessoas trabalha para ganhar dinheiro suficiente para ter um padrão de vida compatível com seu sistema de valores. Consequentemente, o salário ganho ao desempenhar determinado trabalho é certamente um dos fatores críticos que ajudam uma pessoa a decidir se aceita uma posição. Quando estiver pesquisando carreiras e o caminho que quer seguir, certamente você deve considerar a renda. Em vez de pensar em quantias específicas, pense em termos de variação (por exemplo, entre US$ 35 mil e US$ 40 mil por ano), pois são muitos os fatores que afetam a oferta final. Naturalmente, a região ou o país em si é um fator que a empresa considera ao decidir um salário. O tempo de experiência que traz para uma posição e/ou o nível de educação que você tem também podem afetar o salário que receberá.

A empresa em si tem influência sobre a quantia paga para uma posição. Por exemplo, um salário médio para um assistente executivo administrativo pode variar entre US$ 32 mil e US$ 38 mil por ano. No entanto, os salários anuais de assistentes administrativos em indústrias bem-sucedidas de alta tecnologia podem ser muito superiores a isso. CEOs também são bons exemplos. O presidente e o CEO de uma faculdade ou universidade podem ganhar entre US$ 80 mil e US$ 150 mil por ano. O presidente e CEO de uma empresa norte-americana de grande porte podem ganhar milhões de dólares por ano.

Você tem a responsabilidade de pesquisar e determinar o que é um salário razoável para a carreira que escolheu, na região do país em que está procurando, para o tipo e tamanho da empresa que prefere e para o nível de educação e experiência que traz consigo para o emprego.

Uma pergunta típica em uma entrevista é "Qual é o salário que espera receber?". Esteja preparado para responder a essa pergunta. Ofereça uma variação e explique por que acredita que essa quantia é razoável. Se mencionar um valor alto demais, o empregador mentalmente colocará seu currículo e pedido de emprego na lixeira e apagará seu nome da curta lista de finalistas para a posição. Se mencionar uma quantia abaixo do nível aceito no momento para aquela posição e se for qualificado para o cargo, o empregador concordará com a quantia, porém, se estiver disposto a trabalhar por menos do que o mercado paga, qualquer empresa, alegremente, pagará essa quantia. No entanto, pode estar se privando de um bom dinheiro.

Com frequência, você verá a pergunta sobre salário em um formulário de solicitação de emprego. Nesse caso, tem duas opções. É perfeitamente aceitável escrever *negociável* no espaço em branco. Também pode mencionar uma variação de acordo com o que descobriu em sua pesquisa. Pode indicar um salário mensal, anual ou por hora. Mas seja claro a respeito da quantia que estiver mencionando.

Avaliando custos de oportunidades

Uma pessoa geralmente não consegue tudo o que deseja em uma oferta de trabalho. Um custo de oportunidade está associado à decisão. Custo de oportunidade é um termo usado em economia que significa que você perde algo a fim de ganhar alguma outra coisa. Por exemplo, quando decide comprar um carro novo utilizando o dinheiro que economizou, a decisão lhe custa a oportunidade de ganhar juros sobre aquele dinheiro. Assim sendo, é preciso decidir se o custo de oportunidade vale a compra. Talvez você compre o carro novo para que tenha transporte confiável para um trabalho bem remunerado.

Quando você estiver avaliando as ofertas de trabalho, precisa examinar os custos de oportunidade, o que ganha e o que perde se aceitar ou recusar a oferta. Naturalmente, você quer que a balança pese a favor do que vai ganhar e minimize o que vai perder.

Agradecendo pelas referências

Envie uma carta a cada pessoa da sua lista de referência, quer tenham sido contatadas ou não. Expresse seu agradecimento por terem demonstrado boa vontade por servirem de referência. Conte-lhes sobre sua nova posição e quando começa a trabalhar. Faça uma descrição breve de suas obrigações e responsabilidades. Expressar agradecimento, por escrito, a outras pessoas pela contribuição que ofereceram para ajudá-lo a obter alguma coisa pela qual estava batalhando demonstra profissionalismo e é um hábito que você deve adquirir. Essas pessoas ficarão agradecidas pelo tempo que gastou para informá-las sobre o resultado de sua procura por emprego; elas ficarão satisfeitas por terem ajudado.

RECAPITULAÇÃO DOS CONCEITOS-CHAVE

- Cultura corporativa é o acúmulo de regras não escritas de comportamento, valores, regras de contratos/procedimentos etc. que influenciam o modo pelo qual os negócios são conduzidos no local de trabalho.
- É possível obter uma ideia da cultura corporativa de uma empresa ao se determinar a taxa de entrada e saída de funcionários, o tipo de sistema de premiação usado pelos supervisores e ao aprender o que um supervisor realmente quer.
- Benefícios são ofertas feitas pela empresa que têm valor para o funcionário. Entre os benefícios oferecidos por uma empresa encontram-se: férias/

A oferta de emprego   79

licença, bonificações, desenvolvimento educacional/profissional, seguro-
-saúde, seguro de vida e planos de aposentadoria/pensão.

- Quando pesquisar salários mensais, anuais ou por hora, oriente-se pela
  região geográfica, sua experiência/educação, os benefícios oferecidos e o
  tipo e tamanho da empresa.
- Custo de oportunidade é o que se perde, em favor do que se ganha. Considere o que ganha *versus* o que perde ao aceitar uma oferta de emprego.

6
Preparando-se para mudanças

OBJETIVOS

- Mobilidade ascendente.
- Mudanças no local de trabalho.
- Apólices de seguro para mudanças.
- Planejando a promoção.
- Quando mudar de emprego.
- Como mudar de emprego.

Mudanças são inevitáveis e necessárias. Onde você estaria sem mudanças em sua vida? Elas significam crescimento e talvez melhorias, podem vir na forma de promoção ou de um trabalho diferente em local novo. A palavra *mudança* é praticamente sinônima de estresse no vocabulário do novo milênio. Conotações negativas têm sido associadas a mudanças e estresse, quando, na realidade, têm motivadores positivos. Portanto, você precisa preparar a si e a sua carreira para evitar os efeitos negativos das mudanças.

Mobilidade ascendente

Mobilidade ascendente é a mudança vertical de níveis em uma carreira. Pode-se alcançar essa mobilidade ao ser promovido para o nível seguinte ou ao mudar de uma empresa para outra com mais responsabilidades e autoridade. Você vai de um emprego para outro conforme progride em sua carreira.

Aceitar a oferta de emprego em uma empresa causa um misto de emoções – excitação pelo desafio de nova aventura, expectativa de enfrentar os primeiros dias, ansiedade em relação a tudo que estará absorvendo e aprendendo e medo do desconhecido (até mesmo se estiver aceitando uma nova posição na empresa em que está trabalhando). Essas emoções são comuns e as reações, muito normais às mudanças.

Pelo fato de seu objetivo mover-se ascendentemente em sua carreira, você deve começar a planejar promoções que o farão adquirir mais responsabilidades e desafios. Como saber qual é o momento certo para uma mudança de trabalho? Alguns sinais e dicas lhe darão ideia de que é hora de mudar. Quais são os métodos adequados para iniciar e implementar essa mudança? Certamente, enquanto ainda estiver trabalhando. Consulte algumas pessoas de sua network a respeito da mudança iminente. Mantenha sempre ligações fortes e positivas.

Mudanças no local de trabalho

Você consegue imaginar o que seria se jamais tivesse mudado? Como seria o mundo se os negócios não mudassem? Muitos não existem mais por não terem mudado. As máquinas de escrever Royal e Underwood não existem mais porque as empresas se recusaram a reconhecer que a eletricidade estava chegando à indústria das máquinas de escrever. Em um momento do passado, a fábrica britânica de motores Triumph foi a maior montadora de motocicletas. No entanto, a empresa continuou a usar métodos ineficazes, antiquados, de produção e marketing ultrapassados e fez pouca pesquisa na área de desenvolvimento de produtos, ao passo que os japoneses as modernizaram e as produziram a um custo mais baixo e com padrões mais elevados.[1] Sem disposição para mudar, você pode ser deixado para trás.

Assim sendo, mudanças fazem parte do local de trabalho. O que é importante é aprender como lidar com elas! Algumas mudanças são impostas, outras podem ser iniciadas por você mesmo. Independentemente de como vier a mudança, tire proveito da situação. O problema com mudanças é que geralmente envolvem riscos, e o risco é ameaçador. Quando isso acontece, você sai bem-sucedido, ou falha. Ao lidar com riscos, precisa aprender como encarar o sucesso ou o fracasso!

Apólices de seguro para mudanças

O impacto das mudanças pode ser positivo ou negativo. Pelo fato de mudanças serem fatores difundidos no local de trabalho atual, um funcionário sábio começa a desenvolver estratégias ou "apólices de seguro" contra os efeitos negativos das mudanças. Você pode cercar-se de medidas de precaução ou seguro contra os efeitos negativos das mudanças de diversos modos.

SER VISTO COMO UM FUNCIONÁRIO VALIOSO. Estabelecer-se como um funcionário valioso é equivalente a uma apólice de seguro para a segurança no trabalho. Desenvolva um nicho para você que seja difícil de ser preenchido pela empresa, se quiser sair. Complete seu trabalho como se seu objetivo fosse a excelência. Seja um participante ativo da equipe. Em outras palavras,

---

[1] Joe Griffith. *Speaker's library of business*: stories, anecdotes, and humor. New Jersey: Prentice-Hall, Englewood Cliffs, 1990, p. 45-47.

Preparando-se para mudanças 83

determine o que a empresa valoriza em seus funcionários e torne-se esse funcionário.

DESENVOLVER SEUS VALORES. Aceitar e começar um trabalho em uma posição nova envolve mudanças. Um trabalho novo pode ser opressivo nas primeiras semanas. Como você lida com as mudanças e as novas responsabilidades? O melhor método para se lidar com mudanças é desenvolver estratégias eficazes de trabalho. A seguir, apresentam-se quatro maneiras de se tornar eficaz.

1. **USE TODOS OS SEUS SENTIDOS.** A observação é vital nas primeiras semanas de trabalho. Leve um caderno e tome notas de todas as tarefas que esperam que desempenhe. Ninguém espera que se lembre de tudo. Ouça o que está sendo dito, assim como o que não está. Observe a linguagem corporal dos outros e ouça as pessoas se comunicando entre si. Note como se vestem para aprender a respeito do código de vestimenta. Descubra como os funcionários e supervisores expressam gentilezas e demonstram respeito. Perceba como as pessoas interagem. Você pode aprender sobre a cultura corporativa e sobre as expectativas das pessoas simplesmente pela observação. Pode aprender o que é considerado comportamento aceitável naquele ambiente.

2. **PERGUNTE.** Faça perguntas. Muitas organizações exigem que os funcionários novos participem de um programa de orientação em que as políticas e os procedimentos da empresa são explicados. Esta é uma oportunidade para obter informações que o ajudarão a se ajustar ao novo ambiente de trabalho. Algumas informações precisam de esclarecimentos. Não hesite em fazer perguntas e leia todo material que lhe for dado. Evite criticar. Ninguém gosta de ouvir um funcionário novo dizer: "É assim que fazíamos onde eu trabalhava

antes." "Quando estava na empresa A, nós..." Deixe esses comentários para fazer em casa.

3. **ANALISE.** À medida que se sentir mais à vontade na sua nova área, deve começar a analisar o que aprendeu e observou. Depois, cuidadosamente, pode começar a perguntar por que as coisas são feitas de determinado modo. Se a resposta for "porque sempre fizemos assim", o processo ou procedimento precisa ser revisado.

4. **LEIA.** Na sessão de orientação ao novo funcionário, serão explicadas as políticas básicas e os procedimentos – horário de trabalho, intervalos, almoço, código de vestimenta, pagamento, licenças e férias. Entretanto, nem todas as políticas serão tratadas. Faça sua lição de casa. Consiga uma cópia das políticas da empresa e as leia. Arme-se para não cometer um erro que possa ser embaraçoso para você e seu supervisor. Se descobrir que uma política não está clara, peça ao seu supervisor que a esclareça. Ao fazer isso estará demonstrando que tem iniciativa para aprender por si só.

EXIBIR INICIATIVA E SE AMBIENTAR RAPIDAMENTE. Essa estratégia aumenta seu valor como funcionário. O tempo mais caro para um empregador é aquele gasto com o treinamento de um funcionário para sua posição. Assim, quanto mais rápido aprender a desempenhar seus deveres e assumir completamente as responsabilidades, mais valioso se tornará. Ser um funcionário valioso é uma das melhores apólices de seguro para que não seja afetado negativamente pelas mudanças em uma empresa.

UTILIZAR TÉCNICAS EFICAZES DE GERENCIAMENTO DE TAREFAS. Independentemente de sua posição na empresa, você receberá tarefas ou projetos que devem ser completados. Pode ser que o projeto todo seja de sua responsabilidade ou somente parte dele. Seja

Preparando-se para mudanças 85

qual for o caso, seu trabalho deve ser completado com precisão e dentro do prazo. Alguém está sempre esperando pelos resultados. Torne-se conhecido por ser aquela pessoa que sempre termina um trabalho bom dentro do prazo.

Gerenciar tarefas que lhe são atribuídas ou para as quais se oferece para fazer requer organização. Não é só a tarefa que está gerenciando, mas a si mesmo. Gerenciamento de tarefa significa autogerenciamento. Assim, ao se organizar, você está organizando a tarefa.

- **Compreenda o objetivo do projeto ou tarefa.** Ao saber das expectativas de seu supervisor em relação ao projeto, você se concentrará melhor para que seja completado de acordo com as orientações estabelecidas.
- **Divida o projeto em seções ou tarefas gerenciáveis.**
- **Dê prioridade às tarefas menores.** Algumas tarefas precisam ser feitas antes de outras poderem ser completadas.
- **Faça um cronograma para todo o projeto ou para cada tarefa.** Saiba qual o prazo final do projeto. É você que define essa data ou ela já foi estabelecida? Determine um prazo para que cada tarefa da lista de prioridades seja completada. Estipule o tempo adequado para cada uma delas.
- **Se possível, determine seu prazo pessoal ou data final, antes da já estabelecida.** Isso lhe dará tempo para rever e revisar o projeto para que se certifique de que satisfaz seus padrões de excelência.
- **Junte todas as informações de que precisa para completar a tarefa.**
- **Comece a primeira seção ou tarefa.**
- **Tanto quanto possível, fique dentro do organograma, mas seja flexível.** Algumas partes do projeto podem demorar mais que o esperado; outras podem não levar tanto tempo.

- **AJUSTE O CRONOGRAMA QUANDO NECESSÁRIO.** No entanto, tenha sempre em mente o fim do prazo.

Ao estabelecer uma reputação por terminar projetos com qualidade e dentro do prazo, você aumenta seu valor como funcionário. Esta é uma cláusula a mais na apólice de seguro para mudanças.

CRESCER PROFISSIONAL E PESSOALMENTE. Outra cláusula nessa apólice de seguros para mudanças diz respeito ao conhecimento em relação ao trabalho. Como vimos, um funcionário com conhecimento é considerado valioso. Assim sendo, tire proveito de todas as oportunidades para crescer tanto pessoal quanto profissionalmente.

- Seja o primeiro a se propor a aprender um novo programa de computador.
- Participe de seminários e workshops para se manter atualizado nas novas tendências de negócios, como *e-commerce*.
- Participe de uma organização profissional e torne-se ativo; assuma papéis de liderança.
- Leia revistas especializadas para aprender o que está acontecendo no seu mercado de trabalho.
- Saiba quem são seus competidores e o que eles estão fazendo.

TORNAR-SE UM ETERNO APRENDIZ.
Abra os livros e volte para a escola (seja custeando você mesmo o curso ou tirando proveito de auxílio oferecido pelo seu empregador). Não pare de aprender em nenhum momento de sua vida. Em

© 2008 JupiterImages Corporation

muitos casos, o diploma de uma faculdade ou universidade só é válido até o momento que o recebe. A tecnologia está mudando de forma rápida e as informações estão prontamente disponíveis e, assim, o aprendizado pode rapidamente se tornar obsoleto. Por exemplo: como assistente administrativo no mundo dos negócios de hoje, é preciso que se mantenha atualizado em relação às mudanças de processamentos de computação. Caso contrário, suas habilidades podem ser consideradas pobres no mercado de trabalho e você terá dificuldades em encontrar emprego. Todos precisam continuar aprendendo. O conhecimento de ontem é inútil; poucas pessoas com conhecimento antigo podem ainda ser úteis.

LIDAR EFICAZMENTE COM O SUCESSO E O FRACASSO. Sucesso e fracasso não são mutuamente exclusivos. Muitas vezes você experimentará os dois em sua vida. O fator importante é ter mais sucesso que fracasso e aprender com ambos. Ben Sweetland disse: "Sucesso é uma jornada, não um destino".[2] No entanto, fracasso não é um destino nem uma jornada, é somente uma lombada na estrada para o sucesso. Pessoas bem-sucedidas veem o fracasso como uma oportunidade e o analisam para ver como poderiam ter feito as coisas de uma maneira melhor.

A história registra que Thomas Edison fez milhares de tentativas para criar a lâmpada. Quando alguém lhe perguntou

---

[2] Joe Griffith, op. cit., p. 341.

como se sentia em relação às milhares de tentativas fracassadas, ele respondeu que não haviam sido fracassos, mas descobertas bem-sucedidas de milhares de maneiras de como *não* inventar a lâmpada.

Fracasso pode ser uma atitude. O modo pelo qual você lida com o fracasso afeta seus valores como funcionário. Se for perseverante, aprender o que causou o fracasso e eliminar sua causa, então você conseguiu transformar o fracasso em sucesso. Lidar com o sucesso é igualmente desafiador. Muitas pessoas atingem o sucesso e o perdem posteriormente porque não sabem controlar seus efeitos. Assim como fez com o fracasso, analisar por que o sucesso aconteceu ajuda a colocá-lo em perspectiva. Lembre-se de que sucesso é uma jornada, não um destino. Cada sucesso se constrói com um sucesso anterior e é a base do seguinte.

Ao desenvolver uma apólice de seguros forte contra as forças negativas das mudanças, você está se protegendo de quaisquer impactos negativos na sua vida pessoal e profissional. Além do mais, cada uma dessas estratégias ajuda a construir sua autoconfiança e a confiança que seu empregador deposita em você, uma base essencial à medida que se encaminha para a promoção.

Planejando a promoção

No planejamento de carreira, você nunca está estático. Está continuamente se preparando para o próximo passo, à medida que sobe a escada da sua carreira. É importante olhar para a frente. Chegará um momento em que vai querer instigar uma mudança na sua posição e vai comunicar seu desejo de galgá--la. Planejar uma promoção deve começar no dia em que começa a trabalhar. Isso não significa que está tão focado na promoção ou no próximo desafio que não vai desempenhar bem suas funções atuais. Pelo contrário: você deve desempenhar tão bem seu dever atual que estará bem preparado para se mudar para o próximo. A fim de estar preparado, considere as seguintes ideias:

- **DESCUBRA O QUE É IMPORTANTE PARA O SEU SUPERVISOR.** Ao ouvir cuidadosamente e observar, você deve ser capaz de determinar o que é mais importante para o seu supervisor. Concentre-se nessas questões. Desenvolva as habilidades e os comportamentos que são valorizados por ele.
- **MANTENHA UM REGISTRO DE SEU DESEMPENHO.** Pelo tempo que dura um trabalho, seu supervisor pode não se lembrar ou tomar conhecimento de todos os seus sucessos. Durante esse tempo, nem mesmo você pode se lembrar de tudo o que realizou. Guarde calendários e listas de tarefas a serem cumpridas. Ao término de cada mês, anote suas realizações nesse período. Assim, no fim do ano (ou melhor ainda, na época de sua avaliação), faça a lista completa. Compartilhe essa lista com seu supervisor antes de se reunir para sua revisão de desempenho.
- **OFEREÇA AJUDA.** Seja se voluntariando para uma tarefa pequena ou um projeto importante, sua oferta para ajudar demonstra iniciativa e os supervisores gostam disso. Sua oferta também demonstra que está mais preocupado com o que é o melhor para a empresa do que com aquilo que quer. Esse comportamento é uma maneira sutil de comunicar ao seu supervisor que você é um participante de equipe e uma pessoa disposta a andar um quilômetro a mais pela empresa. Você não é tão óbvio a ponto de pedir uma promoção, mas está enviando todos os sinais certos de que está preparado para seguir adiante.

- **PEÇA AJUDA A UM MENTOR.** A importância de um mentor foi discutida anteriormente. Agora é a hora de lhe pedir ajuda. Ele pode ajudá-lo ao longo de sua carreira, oferecendo orientação e conselhos quando estiver em um dilema a respeito de que caminho tomar. Seu mentor lhe oferecerá ajuda para escolher o caminho profissional que melhor se adapte aos seus objetivos máximos.
- **CONTINUE APRENDENDO.** Como afirmado anteriormente, esteja disposto a aprender sempre, e cada vez mais – no trabalho, na sala de aula, em conferências e workshops, em qualquer lugar, e sempre que a oportunidade se apresentar. Ao manifestar seu interesse e entusiasmo por aprender, você transmite a mensagem sutil ao seu supervisor de que deseja aprender e crescer. Você está mandando uma mensagem muito positiva.

Quando os empregadores querem promover alguém para preencher uma vaga, eles procuram uma pessoa que mostre iniciativa. Saiba o que é importante, tenha o registro de um caminho bem-sucedido e esteja disposto a percorrer um quilômetro a mais. Ao demonstrar essas habilidades e comportamentos, você pode se considerar em uma lista curta para promoção.

Quando mudar de emprego

Você saberá quando chegar a hora de deixar um emprego. Terá intuição ou instinto lhe dizendo "Agora é hora". Pode ter chegado a um impasse de algum modo; talvez esteja aborrecido, frustrado ou insatisfeito. Talvez o crescimento pessoal e profissional estejam bloqueados ou você sinta a necessidade de mudar para um local novo, onde novos desafios e oportunidades se apresentem. Alguns dos motivos para sair de um trabalho são explicados a seguir.

Preparando-se para mudanças 91

- **Alcançou o topo.** Você progrediu tanto quanto podia na sua empresa. Chegou ao topo e não há mais aonde ir. Avançar na empresa dependeria de alguém acima de você se aposentar, ser realocado ou despedido.  Você não quer colocar seu futuro nas mãos de outra pessoa, principalmente quando a situação começa com a palavra se. "Se João se aposentar" ou "se Maria for promovida" não são palavras das quais sua carreira deva depender.
- **Sabe que mudanças radicais estão por acontecer.** Se souber que uma importante fusão da empresa está por acontecer, se ela tem discutido cortes ou se a margem de lucro dela não tem alcançado as expectativas, talvez seja hora de mudar. Comece a procurar por emprego antes de o evento acontecer. Planeje e esteja preparado.
- **Aparece uma oportunidade.** Mesmo que esteja empregado, você ainda deve manter sua network ativa e saudável. Oportunidades aparecerão se tiver bons ouvidos e souber ouvir cuidadosamente. Avalie outras ofertas e possibilidades cuidadosamente no contexto em que está atualmente e aonde quer chegar. Não ignore as oportunidades.
- **Sente-se arrasado.** Quando a vida parece estar fora de controle e o estresse do trabalho faz que se sinta desmotivado ou desinteressado naquilo que está fazendo, é porque está se sentindo arrasado. Se este for o caso, você precisa procurar ajuda para lidar com o problema. Mas isso também pode indicar que precisa fazer mudanças.

Como mudar de emprego

Agora que decidiu fazer mudanças, precisa começar a procurar por emprego.

- **Procure enquanto estiver trabalhando.** Quando tiver decidido mudar de emprego, procure por uma posição nova enquanto ainda estiver trabalhando. Não desista de seu emprego para depois começar a procurar por outro. É mais fácil achar emprego quando se está trabalhando.
- **Mantenha ligações fortes e positivas.** Não saia de uma empresa com raiva ou frustração. Embora possa estar experimentando emoções fortes e negativas, não deixe seu empregador saber como se sente. Você nunca sabe quando pode precisar ou desejar a ajuda de um empregador anterior. Seja profissional e mantenha um bom relacionamento de trabalho. Saia em bons termos e jamais fale mal do empregador ou da empresa que está deixando.
- **Escreva uma carta de demissão eficaz.** A carta é uma notificação de sua demissão e deve ser dirigida ao funcionário apropriado dentro da empresa. O procedimento pode ser ditado pelas políticas empresariais.

  - A data da carta deve ser a mesma da notificação de sua demissão. Se a política da empresa diz que a carta não deve ser dirigida ao seu supervisor imediato, certifique-se de que ele receba uma cópia da carta também.
  - O primeiro parágrafo da carta deve declarar o fato de que está se demitindo de sua posição e a data que terá efeito. A política empresarial pode exigir um período de aviso prévio de duas semanas ou mais. Para manter um relacionamento positivo com a empresa, siga essa política. Você

também pode querer oferecer à empresa um aviso prévio tão longo quanto possível e ficar à disposição para treinar a pessoa que assumirá seu lugar. Inclua também o motivo pelo qual deseja sair. Sua declaração pode ser breve, por exemplo, "Aceitei uma oferta da Empresa XYZ".

- No parágrafo final, declare algo positivo a respeito da empresa e o tempo que passou nela.
- Imprima a carta em papel timbrado da empresa e a apresente à pessoa apropriada da organização.

Ao usar essas orientações, você estará seguindo a política empresarial, dizendo por que está saindo e dando feedback positivo a respeito da empresa. Isso o ajudará a estabelecer uma ligação importante com o empregador anterior. Pode fazer que seu empregador sinta confiança de que suas experiências passadas lhe serão úteis à medida que segue adiante manejando sua nova posição.

Raramente o processo de deixar uma empresa para uma posição nova é uma experiência que acontece somente uma vez na vida. Você enfrentará esse processo muitas vezes. Cada experiência lhe oferece uma oportunidade de ganhar mais conhecimento, enfrentar novos desafios e mover-se confortavelmente ao longo de sua carreira.

Recapitulação dos conceitos-chave

- Mobilidade ascendente é a mudança vertical de nível na carreira. Pode-se atingi-la ao ser promovido para o nível seguinte ou ao se mudar para outra empresa tendo mais responsabilidades e autoridade.
- Para que haja progresso, é preciso que ocorram mudanças. Muitas empresas não existem mais, pois não mudaram.
- Estabeleça uma "apólice de seguro" para se proteger contra os efeitos negativos das mudanças. Seja visto como um funcionário valioso. Desenvolva

seus valores ao criar estratégias eficazes de trabalho. Mostre iniciativa e ambiente-se rapidamente às responsabilidades de seu trabalho. Aprenda a lidar de modo eficaz com tarefas pequenas e projetos importantes. Esteja ativamente envolvido na sua profissão e no seu crescimento pessoal. Torne--se um aprendiz eterno. Aprenda a lidar bem com o sucesso e também com o fracasso.

- Ao se preparar e planejar para a promoção, saiba o que é importante para seu supervisor, mantenha registros corretos e detalhados de suas realizações, voluntarie-se para ajudar, peça ajuda a um mentor e continue aprendendo.
- A hora de mudar de emprego chega quando você atingiu o topo em uma empresa e não há mais lugar para crescer, quando sabe a respeito de mudanças radicais que estão por acontecer ou quando surgem oportunidades certas. Se chegar a ficar arrasado, procure ajuda para lidar com a situação e entenda que isso pode ser um indicador de que precisa mudar.
- Quando souber que chegou a hora de fazer mudanças, procure por um emprego novo enquanto ainda estiver trabalhando, mantenha relacionamentos positivos com o empregador e supervisor atuais e escreva uma carta eficaz de demissão no momento adequado.

Projeto de portfólio

Objetivo: Oferecer um projeto abrangente com atividades para cada conceito-chave apresentado no livro *Planejamento de Carreira e Networking*. Esse projeto pode ser usado pelo participante como uma ferramenta para o planejamento de carreira real. O facilitador/professor também pode usar esse projeto como parte de uma avaliação final para este curso.

Visão geral: Cada pessoa desenvolverá um portfólio ao completar as atividades designadas a seguir para cada conceito-chave apresentado no livro. O portfólio deve conter o seguinte:

Índice do conteúdo de seu portfólio

1. **Tópico 1**
   a. Desenvolver uma lista das pessoas que podem ser integrantes de sua network.

2. **Tópico 2**
   a. Incluir os resultados de uma avaliação pessoal tirados de um site da internet.
   b. Incluir uma declaração de missão pessoal.
   c. Incluir um total de quatro objetivos por escrito, como parte de uma atividade no Tópico 2 – objetivos educacional, financeiro, pessoal e profissional.

3. **Tópico 3**
   a. Pesquisar uma carreira de sua escolha. Escreva um relatório curto salientando a disponibilidade de trabalho, posições, possibilidades de avançar na carreira, variação de salários mensais/por hora na região e exigências educacionais.
   b. Pesquisar três empresas na sua região (pode querer expandir para a área profissional). Oferecer tantas informações quanto possível a respeito da empresa.
   c. Continuar a acrescentar nomes (das empresas) à lista de pessoas na sua network atual, desenvolvida no Tópico 1. Definir em que categorias elas devem pertencer.

4. **Tópico 4**
   a. Elaborar um currículo.
   b. Escrever uma carta de apresentação para acompanhar seu currículo.
   c. Desenvolver uma lista de pessoas que podem dar referências.
   d. Pesquisar e compilar uma lista de dez perguntas de entrevista.
   e. Escrever uma carta de agradecimento ou de pós-entrevista.

5. **Tópico 5**
   a. Pesquisar três benefícios oferecidos por empresas em que estaria interessado. Em um breve relatório, faça a descrição básica de cada um deles. Em seguida, prepare uma lista das vantagens e/ou desvantagens de cada um.
   b. Escreva uma carta de agradecimento a uma das pessoas de sua lista de referência.

6. **Tópico 6**
   a. Escreva uma carta de demissão.

Pós-avaliação

Múltipla escolha: Leia cuidadosamente cada uma das alternativas e marque a melhor resposta.

1. Os padrões ou princípios que usamos para nos ajudar a tomar decisões ou fazer escolhas em nossas vidas são:
   a. as sociedades
   b. os colegas
   c. os sistemas de valores
   d. as missões

2. Qual das seguintes alternativas descreve o que é uma empresa, o que ela faz e como se vê em relação ao mercado?
   a. um sistema de valores
   b. uma missão
   c. um objetivo
   d. uma posição no mercado

3. Quando temos de tomar uma decisão e com base na importância dos fatores nela envolvidos, uma boa estratégia é:
   a. verbalizar
   b. priorizar
   c. personalizar
   d. quantificar

4. Uma excelente fonte de informações a respeito de carreiras pode ser:
   a. faculdades/consultores vocacionais
   b. internet
   c. publicações governamentais
   d. todas as alternativas anteriores

5. As pessoas que estão ligadas a você por meio de sua área de trabalho:
   a. formam sua rede de relacionamentos
   b. formam um grupo
   c. são somente seus amigos e parentes
   d. são apenas amigos de amigos e parentes de amigos

6. A pessoa que, ao mesmo tempo, é professor, treinador, auxiliar e que o ajuda a obter informações a respeito de sua carreira e sobre as opções de carreira é um:
   a. amigo
   b. mentor
   c. parente
   d. supervisor

7. Ao planejar uma profissão, é importante pesquisar sobre:
   a. períodos de férias
   b. relacionamentos no trabalho
   c. disponibilidade de trabalho
   d. todas as alternativas anteriores

8. Um currículo deve incluir:
   a. objetivo
   b. formação escolar e experiência profissional
   c. nome
   d. todas as alternativas anteriores

9. Um currículo resumido e organizado por tipos de experiência é:
   a. cronológico
   b. *curriculum vitae*
   c. funcional
   d. nenhuma das alternativas anteriores

10. Uma entrevista em que o entrevistador, ou entrevistadores, faz exatamente as mesmas perguntas na mesma ordem a todos os interessados é:
    a. estruturada
    b. não estruturada
    c. individual
    d. em formato de painel

11. Vestir-se adequadamente para uma entrevista implica usar roupa:
    a. confortável
    b. conservadora
    c. limpa
    d. todas as alternativas anteriores

12. O objetivo de uma carta de agradecimento ou de pós-entrevista é:
    a. dizer ao empregador que não está interessado na posição
    b. solicitar uma entrevista

c. manter seu nome e qualificações presentes na mente do empregador
d. todas as alternativas anteriores

13. A atmosfera, ou ambiente, onde se realiza o trabalho de uma organização é:
    a. a cultura corporativa
    b. a cultura dos rumores
    c. o sistema de comunicação
    d. a estrutura organizacional

14. Comunicação ascendente é o caminho utilizado pela empresa para o sistema de comunicação em que:
    a. o supervisor se comunica com os subordinados
    b. os subordinados se comunicam com o supervisor
    c. os colegas de trabalho comunicam-se entre si
    d. todas as alternativas anteriores

15. Ofertas por parte da empresa e que têm valor para os funcionários são:
    a. comunicação
    b. valores
    c. competição
    d. benefícios

16. Plano de investimento e poupança para aposentadoria, com pagamento de imposto somente no momento da retirada do dinheiro e que permite que o empregador e o funcionário contribuam com partes iguais, referem-se a:
    a. IRA
    b. 401 (k)
    c. 403 (b)
    d. Roth IRA

17. O termo econômico que descreve a perda de alguma coisa para ganhar outra corresponde a:
    a. lucro/perda
    b. oferta e procura
    c. negociação
    d. custo de oportunidade

18. Ao começar um trabalho novo, uma estratégia útil para um início bem-sucedido é:
    a. usar todos os seus sentidos para aprender tanto quanto possível
    b. fazer perguntas e analisar processos
    c. ler os manuais da empresa para se familiarizar com os procedimentos
    d. todas as alternativas anteriores

Pós-avaliação

Verdadeiro ou Falso: Leia cuidadosamente cada uma das afirmativas. Circule V, se a resposta for verdadeira e F, se for falsa.

1. V F O objetivo que você está tentando atingir deve ser quantificado, pois assim saberá quando o tiver atingido.

2. V F Mesmo que haja falta de funcionários qualificados em uma área de trabalho, não haverá variação de salário.

3. V F Jornais oferecem muito pouca informação a respeito de empresas e organizações, assim, você deve evitar utilizá-los como fonte.

4. V F Se uma empresa estiver em litígio, sua reputação, seu poder de ganhos, sua capacidade para empregar e estabilidade podem ser afetados.

5. V F Use uma fonte menor que 10 para digitar seu currículo.

6. V F Quando se escreve uma carta de solicitação de emprego a uma empresa, você não sabe se há uma vaga disponível ou não.

7. V F Uma carta de solicitação de emprego deve ter uma página e três parágrafos.

8. V F Uma entrevista é uma reunião, geralmente presencial, entre o empregador e o interessado na vaga.

9. V F Todas as entrevistas são individuais e presenciais.

10. V F O sistema de transmissão de notícias da empresa é como uma fábrica de boatos, raramente verdadeiros.

11. V F Jamais use a palavra *negociável* para responder à pergunta sobre salário em um formulário de requisição de emprego.

12. V F O movimento vertical de um nível para outro em uma área profissional é chamado mobilidade ascendente.

Este livro foi impresso pela Yangraf Gráfica e Editora Ltda., em papel offset 70 g/m² no miolo e cartão 240 g/m² na capa, para as editoras Senac Rio de Janeiro e Cengage Learning, em dezembro de 2012.